»...von dem
müden Haupte
nehm' die Krone
ich herab«

G. Praschl-Bichler · J. Cachée

»... von dem müden Haupte nehm' die Krone ich herab«

Kaiserin Elisabeth privat

Amalthea

Bildnachweis

Alles im Buch veröffentlichte Bildmaterial
(mit Ausnahme der Bilder Nr. 14–16 aus den Museen
des Mobiliendepots/ehemalige Hofsilber- und Tafel-
kammer sowie 30 aus der Porträtsammlung der
Österreichischen Nationalbibliothek, alle Wien)
entstammt einem Privatarchiv.

3. Auflage 1996
© 1995 by Amalthea
in der F.A. Herbig Verlagsbuchhandlung GmbH,
Wien · München · Berlin
Alle Rechte vorbehalten
Umschlaggestaltung:
Bernd und Christel Kaselow, München
Herstellung und Satz: VerlagsService Dr. Helmut Neuberger
& Karl Schaumann GmbH, Heimstetten
Gesetzt aus der 12 Punkt Simoncini Garamond
Druck und Binden: Wiener Verlag, Himberg bei Wien
Printed in Austria
ISBN 3-85002-366-4

Inhalt

Vorwort *9*

1

»... mein Engel, wenn Du mich lieb hast,
so gräme Dich nicht so sehr ...« *15*
(Kaiser Franz Joseph an seine Gemahlin)

Über den Alltag und die Sorgen einer jungen Kaiserin

2

»... im Sommer zog sie die Schuhe über die
nackten Füße und trug das Kleid unmittelbar
auf dem nackten Körper.« *25*
(Gräfin Larisch-Wallersee über ihre Tante, die Kaiserin)

Die Garderobe der Kaiserin

3

»Ich bin die Sklavin meiner Haare!« *33*
(Kaiserin Elisabeth über sich selbst)

Über die Haarpflegerituale der Kaiserin

4

»(Vor dem Spiegel) standen die zwei Kaiserinnen
und nahmen an ihren Waden Maß ...« *49*
*(Graf Hanns Wilczek über die »Wadenkonkurrenz« zwischen
Kaiserin Eugénie von Frankreich und Elisabeth)*

Über den Körperkult Elisabeths

5

»Hoffentlich wirst Du in meiner angenehmen
Gesellschaft wieder Freude ... am Essen
bekommen.« *59*
(Kaiser Franz Joseph an seine Gemahlin)

Über die Essensgewohnheiten der Kaiserin

6

»Auf den (Turn)Stricken hängend, machte sie
einen phantastischen Eindruck wie ein Wesen
zwischen Schlange und Vogel.« *65*
(Constantin Christomanos über Kaiserin Elisabeth)

Über die sportlichen Aktivitäten der Kaiserin

7

»Trotzdem für Ihre Majestät die Kaiserin
eher ein Eisenbad indiziert ist, kommt Allerhöchstdieselbe doch zuerst nach Kissingen aus
folgendem Grund ...« *77*
*(Dr. Kerzl in einem Brief anläßlich eines bevorstehenden
Kuraufenthaltes der Kaiserin)*

Über Krankheiten, Kuren und Arzneien

8

**»Auf Flügeln des Gesanges, Herzliebchen,
trag ich dich fort ...«** *89*
*(aus dem Lyrischen Intermezzo von Heinrich Heine,
vertont von Felix Mendelssohn-Bartholdy)*

Über die künstlerischen Talente der Kaiserin

9

**»Wird mir die Welt zu bitter, die Menschen
zu fatal, So schwing ich mich aufs Flügelroß und
mache mich von der Erde los ...«** *101*
(aus dem poetischen Tagebuch der Kaiserin Elisabeth)

Über die Reisen der Kaiserin

10

**»Bitte mir einen kleinen Plan aller Appartements ...
zu senden ... damit Madame (die Kaiserin), die
benötigten Zimmer auswählen kann.«** *143*
(Brief eines Hofsekretärs an den Vermieter von Schloß Sassetôt)

Über Reisevorbereitungen und Reiseaufwand anhand
eines Aufenthaltes in Frankreich

11

**»Nicht soll Titania unter Menschen gehn
In diese Welt, wo niemand sie versteht ...«** *157*
(aus dem poetischen Tagebuch der Kaiserin Elisabeth)

Über Ängste, Aberglauben, Depressionen

12
»... jetzt kniet der alte Kaiser allein am Sarge
seiner Gattin, so einsam, als es ein Mensch auf Erden
nur sein kann ...« *175*
*(Franz Karl Ginzkey über den verwitweten
Kaiser Franz Joseph)*

Das Ende

13
»Es ist ein Elend, wenn man so ... von den
Launen einer Person abhängt!« *197*
(Kaiser Franz Joseph über die Friseuse Elisabeths)

Über Hofdamen und Bedienstete der Kaiserin

14
»Es ist ein wunderschönes Bild, die Gestalt
vorzüglich und auch das in jugendlicherem Alter
gedachte Gesicht ähnlich und mit sehr
angenehmem Ausdrucke ...« *207*
*(Kaiser Franz Joseph über ein nach dem Tod der Kaiserin
gefertigtes Porträt von Julius Benczur)*

Bilddokumente und Erinnerungsstücke

Kurzbiographien *219*
Quellen und Literatur *259*
Dank *263*
Register *265*

Vorwort

Dieses Buch vom Privatleben der Kaiserin Elisabeth versteht sich als ergänzendes Gegenstück zu dem vor ein paar Monaten im Amalthea Verlag erschienenen Werk »Sie haben's gut, Sie können ins Kaffeehaus gehen!« – Kaiser Franz Joseph ganz privat. Wie dieses basiert es auf der Arbeit zweier Autoren. Ein erstes, knapp hundertseitiges Manuskript (Archivmaterial verschiedener ehemaliger Hofdienststellen) stammt von Josef Korzer-Cachée, dem 1987 verstorbenen Verfasser der »Hofküche des Kaisers« (Amalthea Verlag 1985), der in seiner Tätigkeit als Beamter der österreichischen Schlösserverwaltung Material über die Habsburger zusammentrug.[1]

Wegen der regen Nachfrage nach dem Buch über den privaten Kaiser Franz Joseph habe ich mich entschlossen, auch dieses – zwar wenig umfangreiche –

---

[1] Der Ordnung halber sei hinzugefügt, daß wie bei dem früheren Werk über den privaten Kaiser Franz Joseph einige Quellenangaben und Dokumente verlorengegangen waren.

aber interessante Manuskript zu verwerten. In mehrmonatiger Forschungsarbeit ist es gelungen, aus der Skizze ein plastisches Ganzes zu schaffen, wozu ich mich etlicher Notizen, Briefe und persönlicher Aufzeichnungen verschiedener Zeitgenossen Elisabeths bediente. In Gesprächen mit Nachkommen konnte ich noch einiges Unbekanntes in Erfahrung bringen, um das Werk abzurunden, denn das Thema schien reizvoll genug, ihm einen eigenen Band zu widmen. Wie aktuell es gerade in den letzten Monaten geworden ist, bestätigte vor kurzem eine Wiener Journalistin, die in einem Artikel über »Habsburg in Ewigkeit«[2]) über den gegenwärtigen Habsburg-Buchtrend räsonierte. Rechtfertigung lieferten ihr zwei verständliche Gründe: Daß nämlich, erstens, was in Großbritannien gut und teuer ist (die Leser mit Skandalgeschichten der Windsors zu versorgen), im deutschen Sprachraum mit der Aufarbeitung der Habsburger Geschichte recht und billig sein muß und daß, zweitens, die toten Mitglieder der österreichischen Herrscherfamilie aus der Kapuzinergruft etwas vermögen, was die Engländer erst zu beweisen hätten: auch »hundert Jahre später« noch aktuell zu sein.

Anlässe genug, das Werk über die »private Kaiserin von Österreich« zu veröffentlichen.

Eine besondere Attraktion stellt das Bildmaterial dar, das einem privaten Archiv entstammt. Absolut ein-

[2]) Anita Pollak im Kurier, 26. November 1994.

malig sind die erstmals ziemlich lückenlos wiedergegebenen Aufnahmen der auserwählten Damen um die Kaiserin, die nicht nur ihr offizielles Gefolge bildeten, sondern auch ihre besten Freundinnen waren. Es handelt sich um die von der Kaiserin über alles geschätzte

Ida von Ferenczy, ihre Vorleserin (mit der sie das Duwort tauschte, obwohl deren Familie dem niederen ungarischen Adel entstammte und daher nicht hoffähig war),
um Gräfin *Marie Festetics* (die in ihren Tagebucheintragungen wichtiges Material über das Leben der Kaiserin hinterließ),
um die sportliche Gräfin *Sarolta Mailáth* (die als eine der wenigen bei den »Spazierläufen« der Kaiserin das Schrittempo zu halten vermochte),
um Gräfin *Irma Sztáray* (die die Kaiserin auf ihrer letzten Reise begleitete und in deren Armen sie verstarb) und
endlich um die launenhafte und umworbene Leibfriseuse der Kaiserin, *Franziska Feifalik,* die mit der Erfindung der Kronenfrisur einen wesentlichen Beitrag zur Gesamterscheinung der Kaiserin leistete.

Was Kaiserin Elisabeth selbst betrifft, so ist es gar nicht so einfach, selten oder nie gezeigte Photos von ihr zu finden, da sie sich nur bis zu ihrem etwa vierzigsten Lebensjahr ablichten ließ und für die verbleibenden zwanzig Jahre nur einige mehr oder minder gute Gemälde, Lithographien oder Stiche existieren. Für die wenigen bestehenden Photos gilt, daß es sich bei dem Material beinahe ausnahmslos um Repräsentationsbilder handelt, daß die meisten von ihnen für Veröffentlichungen schon verwendet wurden und daß es von Elisabeth – im Unterschied zu anderen Mitgliedern des Kaiserhauses – keine Privataufnahmen gibt. Alles, was familiär gewesen sein könnte, wurde ausnahmslos mit dem Pinsel oder Zeichenstift mehr oder minder begabter Künstler festgehalten und stellt einen ebensolchen Dokumentationswert dar.

Als Titel dieses Bandes wurde ein Vers gewählt, der dem von der Kaiserin geführten poetischen Tagebuch entstammt. Den Anlaß zu dem Gedicht bildete der alljährlich im Winter stattfindende Hofball, dem die Kaiserin ohnehin meist fernblieb. Wenn sie aber doch einmal erschien, dann fand sie das Fest verdrießlich, was sie in dem angesprochenen Gedicht deutlich zum Ausdruck bringt: Der Ball war anstrengend, eben hat er sein Ende genommen. Eine »Alltagsgeste« – das Abnehmen der Krone – beschließt den Abend, so wie jeder andere Mensch nach durchtanzter Ballnacht beim Nachhausekommen die Schuhe abstreift.

Dieses Buch hat aber gar nicht das repräsentative Leben der Kaiserin zum Inhalt, sondern das der privaten Elisabeth Habsburg-Wittelsbach: wie sie ihr Dasein gestaltete, welche Personen es mit ihr teilen durften, welchen Lieblingsbeschäftigungen sie nachging, welchen Verpflichtungen sie floh und wohin sie sich auf die Flucht begab. Es soll vorsichtig ihre typischen Charaktereigenschaften aufdecken, von denen viele ihre Persönlichkeit seit Kindertagen prägten.

Von den zahlreichen Werken, die bis jetzt über die Kaiserin erschienen sind, hat sich noch keines ausschließlich ihrem Privatleben gewidmet, was hiermit – beinahe hundert Jahre nach ihrem Tod – geschehen soll. Das vorliegende Buch hat den Alltag der Elisabeth Habsburg zum Inhalt, die zum Beispiel viel Sorgfalt auf ihre Toilette und die Körperpflege aufwendete. Zu den besonderen Allüren zählte die Haarpflege, die nur von einer – zur engen Vertrauten gewordenen – Friseuse ausgeführt werden durfte und die einem Ritual gleich gehandhabt wurde. Ein großer Kult wurde auch mit der Figur getrieben, der zuliebe die Kaiserin immer wieder strenge Fasten- und Hungerkuren einlegte und die sie durch Ausüben zahlreicher Sportarten in Form hielt. Verschiedene Leiden durchtrieben dieses Figurenprogramm, weshalb oft noch härtere Maßnahmen gesetzt und langwierige Heilkuren unternommen werden mußten, um die Eitelkeit halbwegs befriedigen zu können. Ihr wurden die meisten Opfer gebracht: Wegen der schlechten Zähne, die die Kaiserin seit Kindheit hatte, sprach und lächelte sie mit beinahe geschlossenem Mund, wenn sie leichte allergische Ausschläge hatte, die mitunter auch Teile des Gesichts befielen, vermied sie jede Gesellschaft, und wegen zunehmender Alterserscheinungen ließ sie sich ab dem vierten/fünften Lebensjahrzehnt nicht mehr porträtieren oder fotografieren.

Künstlerisch betätigte sich die Kaiserin als Zither-
spielerin und als Dichterin. In Nachahmung ihres
großen Vorbilds Heinrich Heine verfaßte sie seit Kindertagen kleine Gedichte. Außerdem ließ sie sich in
mehreren Sprachen unterrichten und Literatur vortragen. Sie war extrem abergläubisch, nahm an spiritisti-
schen Sitzungen teil und interessierte sich für die Unterbringung und Pflege von geistig Abnormen sowie
über Heilmethoden dieser Krankheiten, da sie wegen
der zahlreichen psychisch labilen Wittelsbacher Verwandten ständig befürchtete, selbst dem Wahnsinn zu
verfallen. Trotz der vielen und verschiedenartigen Be-
schäftigungen plagte Elisabeth ein Leben lang der Un-
ruhegeist, dem sie gerne nachgab, um ausgiebige Reisen zu unternehmen, und es ist beinahe typisch, daß ihr
Leben auf einer Reise endete, tragisch und knapp, so
wie sie es vorausgeahnt hatte.

Wien, im Februar 1995　　　*Gabriele Praschl-Bichler*

1

»... mein Engel, wenn Du mich lieb hast,
so gräme Dich nicht so sehr ...«
(Kaiser Franz Joseph an seine Gemahlin)

Über den Alltag und die Sorgen
einer jungen Kaiserin

Auf die Frage, wie eine Kaiserin »privat lebte«, müßten hunderte Antworten gegeben werden, da hunderte Kaiserinnen auf zumindest ebensoviele Arten ihr Dasein gestalteten. Klimatische Voraussetzungen, verschieden großer Reichtum, politisches Engagement, verschieden starker Machteinfluß, der Platz im Herzen der Untertanen, der persönliche Charakter, das Aussehen und die persönlichen Verhältnisse haben völlig unterschiedliche Typen von Herrscherinnen hervorgebracht, die aber alle zumindest etwas Gemeinsames verband: ein Leben »in der Öffentlichkeit« vor einer großen Anzahl von Neugierigen und Schaulustigen führen zu müssen. Die Antwort auf die Frage, wie Kaiserin Elisabeth ihr Leben verbrachte, muß sofort mit diesem Problem in Zusammenhang gebracht werden. Es stellte die Mühsal ihres Lebens dar, die sie spätestens ab dem Tag ihrer offiziellen Verlobung mit Kaiser Franz Joseph begriff und die sie ab diesem Zeitpunkt auf ein Mindestmaß herabzusetzen suchte, wenn es ihr nicht sogar – in späteren Lebensjahren – gelang, ihr ganz zu entfliehen.

Über die historische Gestalt der Kaiserin ist in den beinahe hundert Jahren seit ihrem Tod viel geschrieben worden, dem in dem vorliegenden Band erstmals das »Nur-Private« hinzugefügt werden soll: das Verhalten Elisabeths innerhalb ihrer Familie, zu ihr nahestehenden Personen, Eigenheiten ihres Wesens, ihr persönlicher Tagesablauf und wenig oder kaum bekannte Ereignisse ihres Lebens, in denen sie den ihr typischen Charakter entfaltete. Viele ihrer Eigenwilligkeiten sind durch die Veröffentlichung ihres Tagebuchs in Gedichtform bekannt geworden, die meisten Eigenschaften waren seit der frühesten Jugend stark ausgeprägt.

Heute, wo man soviel über Elisabeth in Erfahrung gebracht hat, maßt man sich gern das Urteil an, daß eine Verbindung zwischen ihr und dem jungen österreichischen Kaiser nicht hätte zustande kommen dürfen und daß die ältere, für die Heirat mit Franz Joseph vorgesehene Schwester Elisabeths, Helene, die bessere Ehefrau abgegeben hätte. Und doch schien es 1853 – als die beiden jungen Menschen in Ischl aufeinandertrafen, die als Paar nicht füreinander bestimmt waren – eine glückliche Entscheidung gewesen zu sein. Die spontane Liebe des Kaisers zu seiner Cousine Elisabeth brachte das Rad der Geschichte auf dem ihm vorbestimmten Weg zum Rollen, und das Schicksal der nachmaligen Kaiserin nahm den bekannten, immer verhängnisvoller werdenden Verlauf.

Herzogin Elisabeth in Bayern, die von ihren Eltern und Geschwistern liebevoll Sisi genannt wurde, war am Weihnachtsabend des Jahres 1837 im elterlichen Palais in München zur Welt gekommen und hatte schon bei der Geburt zwei Zähne, was nach der Volksmeinung nichts anderes als großes Glück bedeuten konnte. Zudem war sie an einem Sonntag geboren, ein Umstand, der ebenfalls Gutes verhieß, und auf den die Kaiserin in späteren Lebensjahren in einem Gedicht zu sprechen kam:

»Ich bin ein Sonntagskind, ein Kind der Sonne;
Die goldnen Strahlen wand sie mir zum Throne,
Mit ihrem Glanze flocht sie meine Krone,
In ihrem Licht ist es, daß ich wohne,
Doch wenn sie mir je schwindet, muß ich sterben.«

Zu Zeiten der Verlobung des jungen Paares erinnerte man sich der verheißungsvollen Zeichen und deutete sie – was die Zukunft der beiden betraf – als glückbringend. Die Familien Habsburg und Wittelsbach freuten sich über die nahverwandtschaftliche Verbindung (Kaiser Franz Joseph und Elisabeth waren Cousins ersten Grades, beider Mütter waren Schwestern und entstammten dem königlichen Zweig der bayrischen Familie) innerhalb der beiden deutschen Fürstenhäuser, und die Untertanen freuten sich, daß ihr junger Herrscher die Bürden seines Amtes fortan nicht mehr allein zu tragen hätte. Die Kunde von der Hochzeit mit der »Bayrischen« (dem aus Bayern stammenden Mädchen) verwandelte der Volksmund alsbald in eine Verbindung mit einer »Bäurischen«, was den österreichischen Volksdichter Peter Rosegger zu einer eigenen Geschichte anregte:

»Als der Kaiser die Kaiserin nahm

In den fünfziger Jahren ging in meiner Waldheimat eines Tages das Gerede, unser junger Kaiser wolle heiraten, und zwar eine Bäurische!

Das brachte die sauberen Dirndeln der Gegend in nicht geringe Aufregung, und manch eines meinte: Wenn der Herr Kaiser schon eine Bäurische mag, so hätte er mal auch in unserer Pfarr herumsuchen können. In einem seidenen Kittel und mit dem guldenen Kampel im Haar täte unsereines auch wem gleichschauen.

Der Gemeinderichter hat den Irrtum aufgeklärt dahin, daß der hohe Herr eine bayrische Prinzessin nimmt und daß die Kaiserhochzeit auch in unserer Kirche gefeiert werden würde.

Da lebte in der Gegend ein armes Kleinhäuslerpaar, das gerne seine goldene Hochzeit gefeiert hätte, wenn es nur ein paar Groschen gehabt hätte. Der Pfarrer ordnete nun zu Ehren des kaiserlichen Brautpaares die goldene Hochzeit dieses Greisenpaares am Sankt Georgitag 1854 an. Die ganze Gemeinde beteiligte sich. Es war ein ergreifendes Fest, und die zwei Leutchen erhielten so viele Brautgeschenke, daß sie bis zu ihrem Lebensende sorgenlos leben konnten.« – Eine schönere Umsetzung des kaiserlichen Hochzeitstags wird nirgendwo im Reich stattgefunden haben, mutmaßt der steirische Dichter.

Nach ihrer Hochzeit nahmen Kaiser Franz Joseph und seine Gemahlin in Schloß Laxenburg bei Wien Quartier, das für die Flitterwöchner zwar neu hergerichtet worden war, für Elisabeth aber eine große Enttäuschung darstellte. »Das aus dem 18. Jahrhundert stammende Lustschloß wirkte ebenso streng wie Schönbrunn, auch wenn es bedeutend kleiner war; wie so manche königliche Sommerresidenz machte es einen unbewohnten, trostlosen Eindruck. Fünfundzwanzig Kilometer von Wien entfernt ... wies sein tausend Morgen großer Park eine Reihe phantastischer Gebilde auf, künstliche Seen und Imitationen mittelalterlicher Ruinen, gotische Brücken und Meiereien, die dazu bestimmt waren, gelangweilten, unglücklichen Kaiserinnen etwas Abwechslung zu bieten.« (Haslip, S. 85)

Tatsächlich begann sich die junge Kaiserin und Ehefrau schon bald zu langweilen, als ihr Gemahl wegen Erledigung dringender Staatsgeschäfte kurz nach der Hochzeit den täglichen Dienst in der Wiener Hofburg wieder aufnahm. Die knapp Siebzehnjährige fühlte sich unbeachtet, einsam und allein. Dem Alltagstrott entgegenzuwirken ersann sie ein sehr persönliches, auf sie aufgestimmtes Programm. Oftmals ließ sie den Kutschierwagen einspannen und bereiste ohne jegliches Begleitpersonal die Gegend rund um Schloß Laxenburg. Hier geriet sie das erste Mal mit den höfischen Sitten in Konflikt, da es einer Kaiserin von Österreich niemals gestattet sein konnte, alleine auszufahren oder auch nur im Park zu promenieren. Denn unabhängig von den protokollarischen Vorschriften stellte die alleine spazierende Frau ein ungeheures Sicherheitsrisiko dar.

Elisabeths Obersthofmeisterin Gräfin Marie Sophie Esterházy (eine geborene Prinzessin Liechtenstein, die seit 1835 verwitwet war) nahm als erste Anstoß an den etikettewidrigen Ausflügen. Sie meldete die Exkursionen ohne Begleitung spontan – und wahrscheinlich in bester Absicht – dem Kaiser, der für sie der fleischgewordene Begriff von Etikette, von Ehrgefühl, von Pflicht und von Ordnung war. Und obwohl er sich zeit seines Lebens allem höfischen Protokoll unterwarf und weiterhin zu unterwerfen gedachte und sich und seinen Untergebenen jede Selbstdisziplin abverlangte, gestand er der jungen Gemahlin die Freiheit zu, auch in Hinkunft für sich selbst zu entscheiden, und untersagte dem Hofstaat fürs erste, den geringsten Einfluß auf die Pläne seiner Frau zu nehmen.

In den Wintermonaten bezog das Kaiserpaar eigene Appartements in der Hofburg, und als Elisabeth zum ersten Mal ihre Räume betrat, ordnete sie als erstes an, daß man ein Bad für sie bereiten sollte. Sie staunte nicht schlecht, als man sie in eine mit Wasserdampf gefüllte Kammer führte, in der nichts anderes als ein ovales Badeschaff stand. Unter diesen Umständen verzichtete sie auf das Bad und nahm mit den für jedes Mitglied des Kaiserhauses vorgeschriebenen sieben Waschschüsseln vorlieb. Schließlich verfügte auch der Kaiser über kein eigenes modern eingerichtetes Badezimmer. Er wusch sich zunächst auch in einem Holzschaff – später in einer Gummibadewanne – und benutzte anstatt eines Wasserklosetts einen Leibstuhl. Diese wenigen Gegenstände stellten die kaiserliche sanitäre Gesamtausstattung dar. Es dauerte einige Jahre, bis anläßlich von Umbauarbeiten in Schloß Schönbrunn für die Kaiserin ein Badezimmer eingerichtet wurde, das mit etlichen Spiegeln an den Wänden, mit Fließwasser und anderen kleinen Annehmlichkeiten ausgestattet war. 1876 erhielt Elisabeth auch in der Hofburg ein eigenes Badezimmer, das in ihren Garderoberäumen, den sogenannten Bergl-Zimmern (nach dem Ausführenden der Wandmalereien Johann Bergl benannt) Platz fand. Es verfügte über eine große Badewanne aus verzinktem Kupferblech, über ein separates Wasserschaff aus Kupferblech und war mit Wandarmaturen bestückt. In einem Nebenraum wurden ein porzellanenes, zart bemaltes Wasserklosett und ein eigenes Waschbecken installiert. Schloß Laxenburg sollte noch im Jahr 1881, zur Zeit der Vermählung des Thronfolgerpaares, Kronprinz Rudolf und Prinzessin Stefanie von Belgien, über keinerlei ernstzunehmende sanitäre Einrichtungen verfügen: »Nirgends lagen ...

Teppiche, kein Toilettetisch, kein Badezimmer – nur ein Lavoir auf einem dreibeinigen Schemel.« (Haslip, S. 357)

Es sollte bis knapp vor die Jahrhundertwende dauern, bis die Villa in Ischl über ein modernes Ensemble an Bade- und Waschgelegenheiten verfügte. Aus einem Brief Kaiser Franz Josephs an seine bei ihren Verwandten in Bayern weilende Gemahlin gehen einige Einzelheiten der Einrichtung hervor, die sich auf vorher gegebene Anweisungen Elisabeths beziehen: »Ich habe Valérie (der jüngsten Tochter des Kaiserpaars) Deine Aufträge ausgerichtet, habe Dein Badezimmer praktisch gefunden, nur steht der neue Abschwemmarnyékszék (ungarisch für Wasserklosett) vollkommen öffentlich im Zimmer. Das Wasser kommt, wie mir Zellner sagte, aus der Wasserleitung am Jainzen, mittels eines in der Nähe des Cottage neu errichteten Reservoires.« (Ischl, 2. Juli 1896)

Nach dem Geschmack der Kaiserin ließ auch die andere Einrichtung der Hofburg zu wünschen übrig, obwohl Erzherzogin Sophie, die Mutter Kaiser Franz Josephs, anläßlich der Hochzeit ihres Sohnes die Appartements für das junge Paar hatte vollständig überholen lassen (die Räume waren allesamt mit neuen Möbeln, Tapeten und Vorhängen versehen worden). Nicht geändert werden konnte das Beheizungssystem, das sich in den frühen fünfziger Jahren des 19. Jahrhunderts auch noch nicht wesentlich von dem vorhergehender Zeiten unterschied. Die Öfen in dem vom Kaiserpaar bewohnten Trakt der Hofburg stammten zum Großteil aus dem 18. Jahrhundert. Es waren weiße Stücke aus Fayence mit Barock- oder Rokokoverzierungen, die in den bewohnten Räumen standen und von den Garderoberäumen und Korridoren, wo sich die Ofentüren befanden, beheizt wurden. Diese Öfen erregten – wie die ungenügend ausgestatteten Badezimmer – die besondere Unzufriedenheit der jungen Kaiserin. Sie brachten in den zugigen Räumen nicht die gewünschte Wärme zustande, weshalb Elisabeth in einigen ihrer im Amalientrakt der Hofburg gelegenen Zimmer zusätzliche Kachelöfen einbauen ließ, die bis heute – in ihrem großen Salon zum Beispiel – einen aus dem 17. Jahrhundert stammenden, offenen Kamin flankieren. Es entsprach dem zeitweils unsteten Naturell der Kaiserin – bei gegebenem Anlaß – in denselben Räumen winters die Hitze nicht zu ertragen, wie aus einer poetischen Tagebucheintragung des Griechischlehrers der Kaiserin (Constantin Christomanos) hervorgeht: »Über die roten, samtweichen Teppiche, die den Boden bedeckten, schritten wir (während des Studierens) auf und ab ... zwischen den stillen Wassergründen der Spiegel, in einer Luft, die so rein und kühl war, wie die auf den Gipfeln der Berge – weil die Fenster (im Dezember!) alle offen standen – und lasen die Odyssee.« (ders., S. 54)

Dieselben Räume der Hofburg waren im Sommer wegen des Hitzestaus, der sich dort bildete, kaum bewohnbar. Dem Kaiser mußte zur Verbesserung des

Raumklimas ein elektrischer Ventilator aufgezwungen werden, und die Kaiserin floh die Hofburg ohnehin schon bald, nachdem sie sie bezogen hatte. Zunächst hielt sie sich an heißen Sommertagen in einem eigens für sie in der Meierei der Fasanerie des Schönbrunner Schloßparks eingerichteten ungarischen Bauernzimmer auf. Das Zimmer stand ausschließlich zu ihrer persönlichen Verfügung, das sie als eines der ersten zu einem ihrer Elfenbeintürme erkor. Wenn sie es verließ, sperrte sie es mit einem goldenen Schlüssel ab, über den sie alleine verfügte, und kehrte meist wenig später – die Hofgesellschaft fliehend – wieder dorthin zurück.

2

»... im Sommer zog sie die Schuhe über die nackten Füße und trug das Kleid unmittelbar auf dem nackten Körper.«

(Gräfin Larisch-Wallersee über ihre Tante, die Kaiserin)

Die Garderobe der Kaiserin

Als Herzogin Elisabeth in Bayern kurz vor ihrer Vermählung stand, erhielt sie wie jede andere Prinzessin oder hohe Bürgertochter von den Eltern eine entsprechende Aussteuer (im Wert von 50 000 Gulden, das entspricht einem heutigen Wert von knapp über sechs Millionen Schilling), die aber zu spät und deshalb sehr hastig zusammengestellt werden mußte, da man zunächst darauf vorbereitet gewesen war, die ältere Tochter Helene (Néné) mit Kaiser Franz Joseph zu verheiraten. Auf ihre Ausstattung hatte man viel Zeit und Mühe aufgewendet, da sie seit langem als kaiserliche Braut ausersehen war. Deshalb stellte die Garderobe Elisabeths zum Zeitpunkt ihrer Hochzeit noch kein vollständiges, dem höfischen Zeremoniell am Habsburgerhof entsprechendes Ensemble dar. Es mußte erst in den Monaten nach der Hochzeit und unter Mithilfe des Wiener Hofstaates ergänzt und vervollkommnet werden.

Zunächst wurden vierzehn Dutzend Paar (168

Stück) Strümpfe, zwanzig Paar verschiedener Handschuhe, sechs Paar Lederstiefel sowie 113 Paar Schuhe (im Gesamtwert von 700 Gulden, mehr als 85 000 Schilling, was bedeutet, daß ein Paar Schuhe um die S 760 kosteten) aus Samt, Atlas, Seide oder »Zeug« (Leinen) angeschafft, da die Kaiserin von Österreich ein Paar Schuhe oder ein Paar Handschuhe nur wenige Male tragen durfte. Bei feierlichen Anlässen mußten sie sogar mehrmals täglich gewechselt werden. »Elisabeth mußte lernen, daß eine Kaiserin zu jeder Stunde des Tages tadellos gekleidet zu sein hatte, auch wenn sie sich auf dem Lande aufhielt (das bezieht sich vor allem auf die erste Zeit nach der Hochzeit, als das kaiserliche Paar in Schloß Laxenburg wohnte) und niemand außer ihren Hofdamen sah; sie mußte lernen, daß eine Kaiserin nie ohne Handschuhe erscheinen und ein Paar Schuhe höchstens sechsmal anziehen durfte; danach standen sie ihren Zofen zu.« (Haslip, S. 87) In späteren Jahren hat sich die Kaiserin von allen Vorschriften freigemacht, die ihr nicht nur lästig gefallen waren, sondern die auch – was das Tragen immer neuer Schuhe betraf – dem Zustand ihrer ohnehin problematischen Beine und Füße nicht förderlich waren.

Der Kaiser zeigte sich von Beginn der Ehe an als großzügiger Gemahl. Laut eines Vertrags vom 4. März 1854 hatte Elisabeth von ihrem Vater 50 000 Gulden (rund 6 Millionen Schilling) Mitgift erhalten, die Kaiser Franz Joseph mit 100 000 Gulden (rund 12 Millionen Schilling) »kompensierte«. Außerdem erhielt die junge Kaiserin am Tag nach der Hochzeitsnacht zwölftausend Dukaten Morgengabe (Dukaten waren kein Zahlungsmittel, weshalb der Wert schwer umzurechnen ist), die der Kaiser der Gemahlin kraft eines alten Brauches für die eingebüßte Jungfernschaft »schuldete«. An »Spenadelgeld« (Budget für Kleider und wohltätige Spenden) waren 100 000 Gulden (rund 12 Millionen Schilling) vorgesehen, die »während der Ehe zu Ihrem eigenen Gebrauche und freien Verwendung alljährlich ... in monatlichen Raten bar« auszubezahlen waren. Diese Summe sollte »lediglich für Putz, Kleider, Almosen und kleinere Ausgaben dienen, indem alle übrigen Kosten und Auslagen für Tafel, Wäsche und Pferde, Unterhalt und Besoldung der Dienerschaft und sämmtliche (sic) Hauseinrichtung von Seiner Majestät dem Kaiser bestritten« wurden. Außerdem kam Kaiser Franz Joseph für die Kosten der Reisen auf, die die Kaiserin ab dem Jahr 1860 unternahm und die sich – wegen des zahlreich mitfahrenden Personals und der hohen Mietkosten für ganze Schlösser und Wirtschaftsgebäude – immer zwischen sechzig- und achtzigtausend Gulden (rund 4,8 bis 9,6 Millionen Schilling) – beliefen. An sonstigen großzügigen Geschenken erhielt Elisabeth zahlreiche Reitpferde zu ihrer privaten Verfügung und die Kosten, die sich aus dem Bau und der Einrichtung des Achilleons (der schloßartigen Villa der Kaiserin in Korfu) ergaben, erstattet, wenn man davon absieht, daß ihr zu Ehren die Villa in Ischl umgebaut und die Villa Hermes in Lainz als Privatwohnsitz errichtet worden waren.

Wesentlich weniger Geld benötigte die Kaiserin für ihre Garderobe, die entgegen der Moden der Zeit, schlicht, praktisch und elegant zu sein hatte. Allfällige Galaroben wurden nur für bestimmte Zwecke angeschafft, und auch der Handschuh- und Schuhluxus entsprang nicht dem persönlichen Wunsch Elisabeths, sondern war – wie die Wartung der Stücke – Bestandteil der Hofetikette. Die Glacéhandschuhe (aus feinem, glänzenden Zickel- oder Lammleder) wurden von den Putzerinnen der Hofburg ständig gereinigt und in weiße Kartons verpackt. Ein bestimmter Koffer enthielt 120 Paar Handschuhe, die farblich aufeinander abgestimmt waren (weiße, schwarze und graue Stücke befanden sich zum Beispiel in einem Behälter). Zum Reiten waren stärkere, lederne Handschuhe in Verwendung, mitunter trug die Kaiserin drei Paare übereinander, um die Hände vor etwaigen Einschnitten durch die Zügel zu schützen.

Elisabeth trug auffallend schmale, handgesteppte, meist schwarze Atlasschuhe mit niederen Absätzen, die an der Seite mit Schnürbändern versehen und am oberen Rand mit schwarzer Spitze verziert waren. Bei kalter Witterung stülpte sie gamaschenartige, mit lila Seide gefütterte Lederstutzen über Schuhe oder Stiefletten. Um das Jahr 1861 bevorzugte die Kaiserin weiße Atlasschuhe mit Spitzenrosetten und Gummibändern, die die Schuhe fest zusammenhielten, oder Schnürstiefletten, die in Genf, München oder Wien maßangefertigt wurden und mit sechs Knöpfen versehen sein mußten. Ihre Seidenstrümpfe bezog Elisabeth bei der englischen Firma Swears & Wells in London.

Wahrscheinlich ab den sechziger Jahren des 19. Jahrhunderts verzichtete die Kaiserin auf einen Unterrock (und hielt es weiter so bis an ihr Lebensende), wie ihre Lieblingsnichte, die Tochter des ältesten Bruders der Kaiserin, Herzog Ludwig Wilhelm in Bayern, Gräfin Larisch-Wallersee, in ihren Erinnerungen festhält: »Tantes Wäsche war wundervoll und außerordentlich fein. Ihre Nachthemden waren ganz einfach, aber immer mit mauve Seidenbändern durchzogen und gebunden. Unterröcke trug sie nie, und bei ihren frühen Spaziergängen im Sommer zog sie die Schuhe über die nackten Füße und trug das Kleid unmittelbar auf dem nackten Körper.« (Wallersee, S. 54)

Die Sommerunterwäsche der Kaiserin bestand aus leichten Hemdchen und Beinkleidern aus Seidentrikot. Ähnliche Unterwäsche, die aus feinem Waschleder hergestellt wurde und in die sich Elisabeth einnähen ließ, verwendete sie im Winter. Das Einnähen geriet zu einem Tick und wurde auch auf die Reitkleidung übertragen, die sie – am Pferd sitzend – anpassen ließ. »(Das Reitkleid der Kaiserin) saß wie angegossen; sie wurde jedesmal, wenn sie ausritt, hineingenäht. Hiermit meine ich, daß der Schneider, nachdem sie die Tail-

le (den oberen Teil des Kleides) angezogen hatte, den
Rock darannähte. Den Grund dieser seltsamen Marot-
te habe ich nie einsehen können. Sie trug hohe Schnür-
stiefel mit winzigen Sporen und zog drei Paar Handschuhe übereinander; der unvermeidliche Fächer wurde stets in den Sattel gesteckt.« (Wallersee, S. 43) Die
Schneiderin hatte große Mühe, das Einnähen zur Zufriedenheit des Hofes auszuführen, da ihr die Etikette
verbat, während der Arbeit den Körper der Kaiserin zu
berühren.

Was die persönliche, private Garderobe betraf, so
legte Elisabeth den größten Wert auf die Reitkleidung.
Sie verbrachte etliche Stunden bei ihrem Schneider
»mit dem Anprobieren ... denn sie war sehr schwer zu-
friedenzustellen und studierte den Schnitt und Wurf
(der Reitkleidung) im Sattel eines Holzpferdes, das vor
einem großen Spiegel stand ... Tante betrachtete die
Hauptaufgabe, sich gut zu kleiden, als die Pflicht einer
Kaiserin. ›Die Leute erwarten, daß ich immer schön
und elegant aussehe‹, sagte sie oft zu mir. ›Ich bedaure
es oft, daß sie ihre Herrscher nicht in dem Gepränge
vergangener Tage sehen können, wie die Könige und
Königinnen der Sage. Manche Fürsten kleiden sich wie
Spießbürger und bilden sich ein, ihre Würde verleihe
ihnen hinreichend äußeren Glanz. Doch da irren sie
sich, ihre Untertanen bedauern schmerzlich ihre ge-
schmacklose Erscheinung ...‹« (Wallersee, S. 55)

Die Wienerin Herta Maretschek versorgte Kaiserin
Elisabeth mit maßgeschneiderten Negligés und fertig-

te auch das Taufkissen für den Kronprinzen Rudolf an. Die Schneiderin verfügte über eine sehr erlesene Klientel, zu der auch der Bayreuther Komponist und Günstling König Ludwigs II., Richard Wagner, zählte. Er entwarf seine Haus- und Nachtkleidung selbst und übermittelte die Zeichnungen Herta Maretschek auf dem Postweg, nach denen sie zum Beispiel einen mit Eiderdaunen gefütterten Schlafrock aus rosa Atlas, Atlasstiefel oder Spitzenhemden fertigte.

Kaiserin Elisabeth trug wenig und vor allem wenig wertvollen Schmuck (Galaempfänge ausgenommen). Der Ehering steckte nicht am Finger, sondern war an einer goldenen Halskette befestigt und blieb unter den Kleidern verborgen. Auf der Lieblingstaschenuhr aus Chinasilber war der Name »Achilleus«, der Name ihres Lieblingshelden aus der griechischen Geschichte, eingraviert.

Die Uhr hing an einem Lederbändchen, an dem auch ein Miniatursteigbügel befestigt war. Am Handgelenk trug sie, da sie sehr abergläubisch war, ein Armband mit unzähligen Glücksbringern: Daran hingen ein Totenkopf, das Sonnenzeichen mit drei Füßen, eine goldene Hand mit ausgestrecktem Zeigefinger, Marienmedaillen, byzantinische Goldmünzen und zwei Medaillons (eines mit einer Locke des Kronprinzen Rudolf und eines mit dem 21. Psalm der Bibel »Dank für den Sieg des Königs David«). Diese Stücke sollten Unheil abwenden helfen. Als Brosche trug die Kaiserin sehr gerne eine in Silber ausgeführte Nachbildung eines Pferdefußes, die einer schottischen Werkstätte entstammte.

Ab dem Tod ihres Sohnes Rudolf trug Kaiserin Elisabeth nur noch Schwarz: an ihrem eigenen Todestag ein schwarzes Kleid, einen schwarzen Roßhaarhut, schwarze mit Glasperlen bestickte Schuhe und eine Reisetasche aus schwarzem Leder (mit einem metallenen, gekrönten Initial-»E« versehen), in der sie ihre persönlichen Schriften verwahrte, die sie immer mit sich führte. Ein schwarzer Fächer durfte bei keinem Ausgang fehlen. Hinter ihm verbarg sich die Kaiserin vor neugierigen Blicken. Als der Italiener Luccheni am 10. September 1898 eine zugeschliffene Dreikantfeile gegen die Kaiserin führte, hinterließ die Mörderwaffe einen dreieckigen Einstich in jenem Kleid, das sie an diesem Tag getragen hatte. Gräfin Irma Sztáray, die Hofdame und letzte Begleiterin der Kaiserin, erhielt es zum Andenken nach dem Tod ihrer Herrin; sie vermachte es dem Königin Elisabeth-Gedenkmuseum in Budapest. Heute befindet sich das Kleid im Ungarischen Nationalmuseum.

Elisabeth, Kaiserin von Österreich, in den ersten Ehejahren (Photogravure nach einem Bild von F. Schrotzenberg).

2 Ein Photo mit Seltenheitswer⟨t⟩ Elisabeth im Schoß der kaiserlichen Familie (in der hinteren Reihe stehend von links: Kaiser Franz Joseph, sein Bruder Erzherzog Ferdinand Maximilian, dessen Gemahlin Erzherzogin Charlotte, der jüngste Bruder des Kaisers, Erzherzog Ludwig Victor sowie der Bruder Erzherzog Carl Ludwig; in der vorderen Reihe sitzend: Kaiseri⟨n⟩ Elisabeth mit Kronprinz Rudol⟨f⟩ auf dem Schoß, Erzherzogin Gisela stehend, Erzherzogin Sophie, die Mutter des Kaisers, und Erzherzog Franz Carl, der Vater Kaiser Franz Josephs.

3 (links) Franziska Feifalik, die Friseuse der Kaiserin, im Jahr 1865.

4 (rechts) Die französische Kai⟨serin⟩ Eugénie (1866), die gemei⟨n⟩sam mit Elisabeth die »Wadenkonkurrenz« veranstaltete.

5 Kaiserin Elisabeth mit einem ihrer Hunde (wahrscheinlich aus dem Jahr 1866).

3

»Ich bin die Sklavin meiner Haare!«
(Kaiserin Elisabeth über sich selbst)
Über die Haarpflegerituale der Kaiserin

Einen besonders breiten Raum in der täglichen Körperpflege der Kaiserin nahm das Frisieren ein, das
meist zwei Stunden des Vormittags beanspruchte. Besser verständlich wird die – nicht anders denn als Ritual zu bezeichnende – Haarpflege, wenn man die Liebe
Elisabeths zur ihrem Haar erkennt.

In der Korrespondenz zwischen ihr und dem Kaiser finden sich laufend Erwähnungen darüber.
Im poetischen Tagebuch wurde dem Kopfschmuck
sogar ein eigenes Gedicht gewidmet, der darin, so
scheint es, die Formen eines lebenden Gebildes an-
nimmt:

»An meinen Haaren möcht' ich sterben,
Des Lebens ganze, volle Kraft,
Des Blutes reinsten, besten Saft,
Den Flechten möcht ich dies vererben.
O ginge doch mein Dasein über
In lockig seidnes Wellengold,

Das immer reicher, tieferrollt,
Bis ich entkräftet schlaf hinüber!«

(Wunsch, aus der Gedichtreihe »Spätherbst«)

Kaiserin Elisabeth galt nicht nur wegen der überreichen Haarfülle als eine der schönsten Frauen ihrer Zeit. Aber sie war sich ihrer Erscheinung und ihrer Schönheit völlig bewußt, und sie unterstrich sie gerne mit der für sie eigens kreierten geflochtenen Haarkrone, die sie als »Steckbrieffrisur« bezeichnete. Bereitwillig opferte sie für die Pflege und Erhaltung des kostbaren Gutes viel Mühe und Zeit, da sie es liebte, von Männern wegen ihres Aussehens angebetet zu werden, – wenn sie ihnen auch meist nicht viel mehr als das Anbeten gestattete.

Die glühendsten unter ihren Verehrern zeichnete sie mit kleinen Gunstbezeigungen aus, indem sie ihnen zum Beispiel Gehör und Aufmerksamkeit schenkte. Zu den eifrigsten Anbetern der Kaiserin zählte der persische Schah Nasr-ed-din, der in den siebziger Jahren des 19. Jahrhunderts Europa bereiste. In seinen regelmäßigen Tagebucheintragungen finden sich wenige positive Bemerkungen über die europäische Damenwelt, die er zwar großteils als hübsch, aber auch als zu geschwätzig empfand.

Eine Ausnahme bildete Kaiserin Elisabeth, die der persische Herrscher anläßlich eines Soupers in Wien kennengelernt hatte: »Laxenburg (dort war der Schah während der Dauer seines ersten Aufenthaltes einquartiert), 5. August 1873. Nun habe ich auch die Frau des Kaisers von Österreich zu Gesicht bekommen. Sie ist auf jeden Fall die schönste Herrscherin von all den Frauen an den europäischen Höfen, denen ich bisher begegnet bin. Sie hat eine wunderschöne, weiße Haut und die Gestalt einer Zypresse, eine Majestät vom Scheitel einer prächtigen Haarfülle bis zur Sohle.« Zwei Tage später traf er noch einmal auf sie und wiederholte den positiven Eindruck der früheren Begegnung: »Laxenburg, 7. August 1873 ... Am Galasouper nahm auch die Frau des Herrschers teil. Sie ist, es muß bei der schon einmal getroffenen Behauptung bleiben, mit ihren vielfältigen Reizen ein Genuß für das Auge. An diesem mit Frauenschönheit nicht sonderlich gesegnetem Hof ist ihre Erscheinung ein Labsal ... Ich drückte dies auch dem neben mir an der Tafel sitzenden Kaiser aus. Ich glaube, daß er sich über diese meine Feststellung gefreut hat.«

Elisabeths Dank an den persischen Potentaten bestand darin, auch ihm Sympathie entgegenzubringen und sich in seiner Gegenwart sogar zu amüsieren. »Wirkliches Vergnügen bereitete der Kaiserin (im Sommer 1873, als man unzählige Herrscher und Gesandte anläßlich der Weltausstellung empfing) jedoch nur der Schah von Persien. Seine ungezwungene Überschwenglichkeit und sein eigenartiges Benehmen gaben (der Kaiserin) in einem ansonsten recht trüben Sommer Leben und Farbe ... Kaiser Franz Joseph wußte nicht, ob er (über die rüden Sitten Nasr-ed-dins) lachen oder sich ärgern sollte, aber Elisabeth war begeistert von dem Schah, dessen Auffassung vom Herrschertum dem Pflichtbewußtsein ihres Gatten so entgegengesetzt war. Der orientalische Despot tat und sagte, was ihm paßte ... Der einzige Mensch, für den der Schah wirklich Interesse zeigte, war die Kaiserin ...«, die sich für die Begegnungen mit ihm besonders zurechtmachte und ihm zu Ehren, der kostbare Steine liebte und sammelte, reichen Schmuck anlegte. »(Sie) trug (an einem der beiden Abende) ein weiß-silbernes Kleid mit einer purpurnen Schärpe und eine mit Amethysten und Diamanten besetzte Krone im Haar, das ihr offen in Locken über den Rücken fiel ...« (Haslip, 275 f.) Eine ähnliche Beschreibung befindet sich auch im Tagebuch Schah Nasr-ed-dins, dem die Robe besonderen Eindruck gemacht hatte.

Wenn man von der Schönheit der Kaiserin spricht, meint man nicht nur ihre Gesichtszüge, sondern auch die hochgewachsene, zarte Figur, die sie mit Diäten, Sport und Gymnastik schlank erhielt, und vor allem ihr dichtes, lockiges Haar, das bis zu den Knieen reichte und auf dessen Pflege sie alle erdenkliche Sorgfalt und Raffinesse aufwendete. Eine kongeniale Dienerin fand sie in der Person der jungen Theaterfriseuse Franziska Angerer (oder Roesler – die Quellen klaffen auseinander, feststeht, daß sie nach der Verheiratung Feifalik hieß). Sie war die Tochter einer Hebamme und arbeitete schon bald nach Beendigung der Berufsausbildung an Wiener Theatern, wo sie Schauspielerinnen wie Marie Geistinger, Pauline Lucca und Katharina Schratt betreute.

Ihr Ruf als einfallsreiche Haarkünstlerin drang bis in die kaiserlichen Schlösser und erweckte eines Tages die Neugierde der Kaiserin. Sie bat Franziska Angerer/ Roesler zu einem vertraulichen Gespräch, in dem sie ihr vorschlug, künftighin ausschließlich als ihre Leibfriseuse tätig zu sein, wobei sie nicht vergaß, ihr alle Vor- und Nachteile, die sich daraus ergeben sollten, aufzuzählen.

Die junge Frau willigte ein und wurde mit einem Jahresgehalt von zweitausend Gulden (rund 240 000 Schilling) eingestellt. Als sich die Friseuse in den Handlungsreisenden Hugo Feifalik verliebte und ihn heiratete, ernannte ihn Kaiserin Elisabeth spontan zu ihrem Privatsekretär, um sich von der Haarkünstlerin nie mehr trennen zu müssen. Feifalik wurde später in den Stand eines Regierungsrats erhoben, er wurde Schatzmeister des hochadeligen Sternkreuzordens (eines hohen Damenordens, dem Kaiserin Elisabeth als Schirmherrin vorstand), zum Hofrat und letztendlich sogar zum Freiherren ernannt. Dreißig Jahre lang stand das Ehepaar in den Diensten der Kaiserin. Nach dem Tod Elisabeths ging Franziska Feifalik mit dem Ruhegehalt eines Hofrats in Pension. Sie verstarb am 14. Juli 1911 in Wien.

Die Friseuse zählte während der Zeit ihrer Tätigkeit zu den besonderen Vertrauten der Kaiserin, und sie war sich ihrer bevorzugten Stellung mehr als bewußt.

Sie beanspruchte eine Menge von Vorrechten und durfte sogar darauf bestehen, von der Vorleserin der Kaiserin, Ida von Ferenczy, und der Hofdame Gräfin Festetics zuerst gegrüßt zu werden, was die beiden Damen wenig erfreute.

Während des Frisierens saß die Kaiserin in einen weißen, mit Spitzen besetzten Mantel gehüllt auf einem für diesen Zweck vorbehaltenen Stuhl, während Franziska Feifalik im schwarzen Hofkleid mit langer Schleppe und mit einer weißen Schürze zunächst das Haar entwirrte und kämmte.

Einer der wenigen, die dieser Zeremonie teilhaben durften, war einer der von der Kaiserin eingesetzten Griechischlehrer, Constantin Christomanos, in dessen Erinnerungen die Frisiersitzungen einen breiten Raum einnehmen: »Die Kaiserin saß an einem Tisch, der in die Mitte des Raumes gerückt und mit einem weißen Tuch bedeckt war ... mit aufgelösten Haaren, die bis zum Boden reichten und ihre Gestalt vollkommen einwickelten ... Hinter dem Sessel der Kaiserin stand die Friseuse in schwarzem Kleide mit langer Schleppe, eine weiße spinnewebene Schürze sich vorgebunden ... (Sie wühlte) in den Wellen der Haare, hob sie dann in die Höhe und tastete darüber wie über Samt und Seide, wickelte sie um die Arme wie Bäche, die sie auffangen möchte, weil sie nicht rinnen wollten, sondern fortfliegen, teilte die einzelne Welle mit einem Kamm aus goldgelbem Bernstein in mehrere Strähnen und trennte dann jede von diesen in unzählige Fäden, die im Son-

nenlicht wie golden wurden und die sie behutsam aus-
einanderzog und über die Schultern hinlegte, um ein
anderes Gewirr von Strähnen wieder in Goldfäden auf-
zulösen. Dann wob sie aus all diesen Strahlen, die aus
erloschenem Gold zu Blitzen dunklen Granatrots auf-
flammten, neue ruhige Wellen, flocht diese Wellen zu
kunstvollen Geflechten, die in zwei schwere Zauber-
schlangen sich wandelten, hob die Schlangen empor
und ringelte sie um das Haupt und band daraus, mit
Seidenfäden dieselben durchwirkend, eine herrliche
Krone. Dann ergriff sie einen anderen spitzig auslau-
fenden Kamm aus durchsichtigem Schildkrot mit Silber beschlagen und wellte den Polster von Haaren, der
am Hinterhaupt die Krone zu tragen bestimmt war, in
jene Linien zurück, welche dem atmenden Meer zueigen. Dann zog sie die verwaist irrenden Strähnen über
die Stirne hinab in die Nähe der Augen, so daß sie wie
goldene Fransen vom Kranz der Krone herabhingen
und die lichte Stirn wie ein Schleier verhüllten, ent-
fernte mit einer silbernen Schere, was bei diesen Fäden
Harmonie und Gleichheit verstörte und den ruhigen
Lauf der geschwungenen Brauen nur hemmte, neigte
dann andere Fäden wie schäumiges Wellengekräusel
über die Ohren, damit die Roheit der Laute an ihnen
sich breche, und setzte davon ein wachendes Gitter vor
die Tür der Seele. Dann brachte sie auf einer silbernen
Schüssel die toten Haare der Herrin zum Anblick, und
die Blicke der Herrin und jene der Dienerin kreuzten
sich eine Sekunde – leisen Vorwurf bei der Herrin ent-

haltend, Schuld und Reue der Dienerin kündend. Dann wurde der weiße Mantel aus Spitzen von den fallenden Schultern gehoben, und die schwarze Kaiserin entstieg gleich einer göttlichen Statue der bergenden Hülle.« (ebenda, S. 46 ff.)

Wenn die Beschreibung der Frisiersitzung auch sehr poetisch gefärbt ist, so scheint sie das Entstehen der Haarkrone sehr genau wiederzugeben und vor allem die Anschauung der Kaiserin von der lebenden Fülle des Haares zu treffen. Die Haarpflegegeschichten wurden wie viele andere Alltäglichkeiten von Christomanos auf eine eigene literarische Ebene gehoben, und die Kaiserin würde sich über die poetischen Worte sehr gefreut haben, hätte sie erfahren, welchen Stellenwert das Frisierritual auch im Leben des Griechischlehrers einnahm. Bei Christomanos tauchen immer wieder Erinnerungen an die mit Vortrag und Lektüre verbundenen Frisierstunden auf, mehrmals läßt er die Kaiserin selbst über ihr Haar philosophieren: »›Ich fühle mein Haar‹, sagte sie mir, und dabei ließ sie einen Finger unter seine Wellen gleiten, wie um ihren Kopf von der Last zu erleichtern. ›Es ist wie ein fremder Körper auf meinem Kopfe.‹ – ›Majestät tragen das Haar wie eine Krone anstatt der Krone.‹ – ›Nur daß man sich jener anderen leichter entledigen kann‹, erwiderte sie mit bekümmertem Lächeln.« (ders., S. 49)

Zum Kämmen benutzte die Friseuse einen Kamm aus Bernstein und einen mit Silber beschlagenen, sogenannten »Wunderkamm«, der nach Überzeugung der

Kaiserin jeden Haarausfall verhinderte. Mit einer silbernen Schere wurden ein- bis zweimal pro Monat die Stirnfransen egalisiert. Am Ende des Frisierrituals mußten die ausgekämmten, »toten« Haare auf einer silbernen Schüssel zum Anblick dargereicht werden, wofür die Friseuse je nach Menge mehr oder weniger vorwurfsvolle Blicke empfing. Um die Laune der Kaiserin nicht unnötig zu strapazieren, hatte Franziska Feifalik einen Trick ersonnen, der ihr den Abgang wesentlich erleichterte: sie befestigte unterhalb ihrer Schürze einen mit Klebemittel versehenen Streifen, der die ausgegangenen Haare festhielt, die sie während des Kämmens geschickt verschwinden hatte lassen.

Kaiserin Elisabeth war von Kindheit an gewohnt, mit dem Hauspersonal rüde umgehen zu können, und es geschah nicht selten, daß die Friseuse, bevor sie sich den Trick mit dem Klebeband zueigen gemacht hatte, für das eine oder andere verlorengegangene Haar eine Ohrfeige empfing. Für ungerechte Behandlung rächte sich Franziska Feifalik, indem sie auf ein anderes bewährtes Mittel zurückgriff und das Elisabeth erstaunlicherweise – wie viele Launen ihrer Günstlinge – duldete: »Heute sagte sie (die Kaiserin zum Griechischlehrer) beim Frisieren: ›Sie müssen mich entschuldigen, heute bin ich zerstreut. Ich muß meinen ganzen Geist auf die Haare verwenden: denn sie (die Friseuse) hat sich krank gemeldet, und die junge Dame hier (das Kammerfräulein) ist noch nicht so eingeweiht in alle Mysterien. Nach einigen solchen Frisiertagen bin ich wieder ganz mürbe. Das weiß Jene und wartet auf eine Kapitulation.« (Christomanos, S. 63)

Sogar Kaiser Franz Joseph durchschaute die Tricks der Friseuse, die er als pflichtergebener Mensch nicht guthieß, und in der Korrespondenz zwischen ihm und Katharina Schratt tauchen immer wieder Bemerkungen auf, wo er sich über das Betragen der Friseuse kritisch äußert: »Frau v. Feifalik ist bei der Abreise von Corfu wieder krank geworden und wurde hier vom Bahnhofe ins Schloß in einem Wagen der Rettungsgesellschaft transportirt, es geht ihr aber schon so weit besser, daß sie Morgen die Frisur der Kaiserin mit dem Diadem wird machen können. Es ist ein Elend, wenn man so vom Befinden, manchmal auch von den Launen einer Person abhängt!« (Ofen, 2. Mai 1896)

In einem leicht spöttelnden Ton nahm Kaiser Franz Joseph schon zwei Jahre früher auf die labile Gesundheit der Friseuse Bezug, die mit ihrem Kränkeln sicherlich Elisabeth nachahmte: »Sehr glücklich war ich, durch ein Telegramm Berzeviczys Deine (der Kaiserin) Ankunft in Corfu zu erfahren, nach ruhiger Seereise, daher wird auch die schöne Franzi (Feifalik) noch keine Seekrankheit gelitten haben.« (Brief Kaiser Franz Josephs an seine Gemahlin aus Landskron vom 6. September 1894)

Nach dem Durchkämmen der Haare flocht Franziska Feifalik unter den kritischen Blicken der Herrscherin die kunstvollen Kronenfrisuren, die bei festlichen

Anlässen und Hofbällen mit Diamantsternen, einer Kamelienblüte oder Agraffen geschmückt wurden und die zu ihrer Zeit von den Damen der Gesellschaft – vor allem aber von den Schwestern Elisabeths, die in Italien, Frankreich und Deutschland lebten – kopiert wurden. Wenn sich die Kaiserin nach vollendetem Werk von ihrem Stuhl erhob, sank die Friseuse unter einem feierlich gehauchten »Zu Füßen Eurer Majestät ich mich lege!« in einen tiefen Kniefall, um in dem ewigen Ränkespiel zwischen ihr und Kaiserin Elisabeth die untergebene Rolle zumindest anzudeuten.

Während des Frisierens trug Franziska Feifalik weiße Handschuhe, die Nägel mußten kurz geschnitten und die Finger unberingt sein. Diese Idee hatte Kaiserin Elisabeth vom Hoffriseur der französischen Kaiserin Eugénie, der Gemahlin Napoleons III., übernommen. Der französische Haarkünstler hieß Leroi und zählte zu den Meistern seines Fachs. Seine Kundinnen entstammten der Aristokratie und dem gehobenen Bürgertum, von denen eine einmal im Vorraum seines Ladens ihrer Zofe klagte, daß sie es als sehr unangenehm empfände, wenn der Friseur mit seinen Händen nacheinander in die Haare der verschiedensten Kundinnen griff, um danach auch an ihr Haar zu fassen.

Leroi, der zufällig Ohrenzeuge des Gesprächs geworden war, nahm sich den Vorwurf zu Herzen und erstand einige Dutzend Paar Glacéhandschuhe für sich und die Angestellten seines Frisiersalons, ließ jedes

Paar mit dem Namen einer Kundin versehen und seine Klientel fortan nur noch behandschuht betreuen. Kaiserin Eugénie, die von den Künsten Lerois gehört hatte und die auch die neue Idee, mit den Handschuhen frisiert zu werden, begeistert aufnahm, ernannte Leroi zu ihrem Leibfriseur, der sie in Hinkunft überallhin begleitete.

Kaiserin Elisabeth, die mit Kaiserin Eugénie ausschließlich in modischen Belangen Kontakt hielt, übernahm sofort die neue Methode mit den Handschuhen, die künftighin jeder, der an ihr Haar faßte, zu tragen hatte. Auch die drei Kammerfrauen, die allabendlich die kaiserliche Zopfkrone entflochten, kämmten Elisabeth behandschuht. Das offene Haar wurde der zu Bett gehenden Kaiserin einer Schleppe gleich nachgetragen und anschließend am oberen Ende des Bettes vorsichtig ausgebreitet. Mit einer Kopfrolle im Nacken verbrachte die Kaiserin – einer Statue gleich unbeweglich liegend – die Nacht. Das sollte verhindern, daß die Haarsträhnen sich verwirrten oder daß sich ein Haar aus der Fülle löste und »starb«.

Ein- oder zweimal im Monat – gemäß den Aufzeichnungen der Nichte der Kaiserin, Marie Larisch-Wallersee, einmal, gemäß den Tagebucheintragungen des Griechischlehrers, Constantin Christomanos, zweimal – jeweils an einem Freitag, fand die Haarwäsche statt. An diesem Tag hatte das gesamte Kammerpersonal zur Verfügung zu stehen, und niemand, selbst Franz Joseph nicht, durfte die Kaiserin sprechen. Elisabeth, die

die Haarwaschrituale kokett mit der Bemerkung »Ich bin die Sklavin meiner Haare!« einzuleiten pflegte, trug während der Zeremonie einen eigens dafür gefertigten, wasserdichten, bodenlangen Mantel. Franziska Feifalik bereitete eine Waschmischung aus etwa dreißig rohen Eidottern und Franzbranntwein. Dieses Shampoon wurde mit einem Pinsel auf die über einen Tisch ausgebreiteten Haarsträhnen aufgetragen und mußte eine Stunde lang einwirken. Danach wurde das Haar mit warmem Wasser gewaschen und mit dem Sud von ausgekochten Walnußschalen nachgespült. Eine letzte Spülung mit Rosenwasser beendete das Waschprogramm. Etliche Stubenmädchen nahmen die Kaiserin mit vorgewärmten Mousseline-Tüchern in Empfang, um das Haar zu frottieren oder warme Luft zuzufächern.

Bemerkungen über die Haarwaschtage ziehen sich durch die »Familienliteratur« (Tagebücher und Korrespondenzen) wie ein roter Faden: »Einmal im Monat wurden Elisabeths schwere kastanienbraune Zöpfe mit rohem Ei und Branntwein gewaschen und nachher mit einem ›Desinfektionsmittel‹, wie sie es nannte, abgespült. Nach der Waschung ging die Kaiserin in einem langen, wasserdichten Seidenmantel auf und nieder, bis ihr Haar getrocknet war. Die Frau, die das Amt der Friseurin übte, sah man nie ohne Handschuhe ... Die Ärmel ihres weißen Kleides trug sie ganz kurz. Es ist durchaus keine Sage, daß die Haare auf Tante Sissis Kopf numeriert waren.« (Wallersee, S. 53 f.) Auch im

Briefwechsel zwischen Kaiser Franz Joseph und seiner Gemahlin finden sich Bemerkungen über die Haarwaschtage, mitunter durchkreuzten sie sogar die Pläne des Kaisers, wie aus einem Brief an Katharina Schratt hervorgeht, der man wegen eines unaufschiebbaren Haarpflegetermins ein nur an einem bestimmten Tag mögliches, gemeinsames Essen zu dritt absagen mußte.

Auch bei Christomanos finden sich diesbezügliche Eintragungen: »Heute hat mich die Kaiserin erst um 4 Uhr nachmittags zu sich rufen lassen, anstatt um 11 Uhr mit mir nach Schönbrunn auszufahren. Der ganze Vormittag war der Waschung des Haares gewidmet worden. Dies geschieht alle 14 Tage. Deswegen trug sie das Haar jetzt offen über den Rücken, damit es trocken würde. Ihr Anblick in solcher Gestalt, wenn sie die Krone aufgelöst hat und nicht mehr die Stirn unter ihrem Gewicht neigen muß, ist womöglich noch anmutiger und dabei majestätischer, ihrem wahren Wesen angemessener.« (ders., S. 53)

Das Waschprogramm mußte mit dem seelischen Zustand der Kaiserin harmonieren. Abweichungen wurden wie viele dieser kleinen Rituale des Alltags vom Kaiser sorgfältig festgehalten: »Der deutlichste Beweis, wie krank Du warst, ist für mich, daß Du dir erst jetzt zum ersten Male seit Wien den Kopf waschen ließest, aber daß Du es bereits thun konntest, ein erfreuliches Zeichen, daß es Dir wirklich besser geht.« (aus einem Brief des Kaisers an seine Gemahlin – Wien, 11. Februar 1898)

Im Mai 1898 weilte Kaiserin Elisabeth für die Dauer einer Kur in Bad Brückenau, weshalb an die Kurverwaltung der Auftrag erging, bei den Bauern der Umgebung einhundert frische Eier zu ordern, die die Kaiserin damals für den angesetzten Haarwaschtag benötigte. Außerdem mußte ein Eimer reinsten Wassers, das der Apotheker von Bad Brückenau in einem mehrstündigen Vorgang zu destillieren hatte, um die gewünschte Qualität anbieten zu können, bereitgestellt werden. Der letzte große Haarwaschtag fand am 7. September 1898 (drei Tage vor dem Tod der Kaiserin) im Hotel Caux bei Montreux statt.

Als Kaiserin Elisabeth sich anläßlich der Trauung (in Stellvertretung) ihrer Schwester Marie Sophie, der späteren Königin von Neapel und nachmaligen Heldin von Gaeta, im Jahr 1858 in Triest aufhielt, bezog sie im alten Regierungsgebäude einige für sie vorbereitete Räume. Der damalige Statthalter Baron Mertens und seine Gemahlin überboten sich im Diensteifer für die Kaiserin. Als eines Tages die mitgeführte Friseuse Franziska Feifalik unwohl war, so daß sie ihre künstlerische Tätigkeit nicht ausüben konnte, ereiferte sich das Ehepaar Mertens in der Suche nach einer würdigen Ersatzfriseuse. Ein einheimisches, geschicktes Mädchen wurde gefunden, das das Haar der Kaiserin mit angstvoller Sorgfalt kämmte, da sie gehört hatte, daß jedem ausgegangenen Haar viel Bedeutung beigemessen wurde. Mit zitternden Händen strich sie mit dem

Kamm durch das dichte Haar der Kaiserin und hegte plötzlich den innigen Wunsch, ein, zwei Haare zur Erinnerung an den Tag behalten zu wollen. Nach Beendigung der Arbeit wollte sie sich von keinem der am Kamm haftenden Haare trennen, die sie auf der Silbertasse des Toilettetischs ablegen sollte, sondern steckte sie alle mit einem kühnen Griff in den Mund. Die Kaiserin, die das Manöver in einem Spiegel mitverfolgt hatte, verwunderte sich darüber und fragte das Mädchen nach dem Zweck dieser Tat. Die ertappte Friseuse warf sich daraufhin, um Verzeihung bittend, auf die Knie und gestand ihr unwiderstehliches Verlangen, zur Erinnerung an den Tag kaiserliches Haar behalten zu wollen. Elisabeth, die darüber gerührt war, antwortete mit einer für sie einzigartigen Geste: sie nahm die Silberschere vom Toilettetisch, schnitt aus der Haarfülle eine Locke heraus und überreichte sie dem in Tränen aufgelösten Mädchen zum Geschenk.

4

*»(Vor dem Spiegel) standen die zwei
Kaiserinnen und nahmen an ihren
Waden Maß ...«*
(Graf Hanns Wilczek über die »Wadenkonkurrenz« zwischen
Kaiserin Eugénie von Frankreich und Elisabeth)

Über den Körperkult Elisabeths

Zu den äußerst delikaten Aufgaben Franziska Feifaliks gehörte auch der sogenannte »Vermessungsdienst«. Als die Kaiserin immer besorgter auf Körpergewicht und Figur zu achten begann, mußte die Vertraute jeden Morgen und jeden Abend Taille-, Waden- und Schenkelumfang der Kaiserin messen und die Werte in ein eigenes Buch eintragen. Anläßlich des Treffens von Kaiser Napoleon III. und Kaiser Franz Joseph im August 1867 in Salzburg fand sogar eine »Vermessungskonkurrenz« zwischen den beiden Kaisergemahlinnen, Eugénie und Elisabeth, statt, an der – unbeobachtet – ein geheimer Zeuge teilnehmen durfte. Graf Hanns Wilczek, der Kaiserin Eugénie als Dienstkämmerer zugeteilt worden war, erzählt in seinen Erinnerungen von der delikaten Begebenheit, die in einer sich betont puritanisch gebenden Zeit ihresgleichen sucht: »Als ich eines Tages im Vorzimmer der Kaiserin Eugénie Dienst hatte und auf ihre Anweisungen wartete, kam sie plötzlich auf mich zu und sagte: ›Die Kaiserin (von Österreich) kommt mich gegen Mittag besuchen. Ab diesem Zeitpunkt hat die Türe zu meinem Zimmer für alle Leute verschlossen zu bleiben. Ich bitte Sie ausdrücklich, niemanden durchzulassen, wer immer auch kommt.‹ Eine Dame aus Frankreich, die die Kaiserin begleitete, verabschiedete sich, und einige Minuten später betrat die (österreichische) Kaiserin in voller Pracht ihrer Schönheit das Vorzimmer. Sie befahl mir, sie bei der (französischen) Kaiserin zu melden. Das tat ich auch, und nachdem die (österreichische) Kaiserin eingetreten war, verharrte ich ergeben auf meinem Posten. Ich mußte niemanden abweisen, da niemand kam. Ungefähr eine Viertelstunde später erschien Kaiser Napoleon. ›Ist Ihre Majestät die Kaiserin in Ihren Zimmern? Wenn ja, so bitte, melden Sie mich sofort bei ihr, da ich mit ihr eine sehr wichtige Unterredung zu führen habe.‹ – ›Es tut mir sehr leid, Sire, aber die Kaiserin empfängt im Moment niemanden. Sie hat mir Befehl gegeben, die Türe zu Ihrem Zimmer strengstens zu bewachen.‹ – ›Mein lieber Graf, wenn ich sie zu sprechen wünsche, wird sie mich sicherlich empfangen.‹ Er unterstrich diese Anweisung mit einer Geste seiner Hand, und es blieb mir also keine andere Wahl, als hineinzugehen und sein Kommen zu melden. Sehr leise öffnete ich die Türe und mußte durch zwei leere Zimmer und sogar durch das Schlafzimmer in das Umkleidezimmer gehen, zu dem die Türe halb geöffnet war. Der Türe gegenüber war ein großer Spiegel, und mit dem Rücken zu meinem Aussichtspunkt standen die zwei Kaiserinnen und nahmen an ihren Waden Maß – wahrscheinlich an den wohlgeformtesten, die Europa zu dieser Zeit kannte! Die Szene war unbeschreiblich, und ich werde sie mein ganzes Leben lang nicht vergessen. Aber ich hatte sie zu Ende zu bringen, weshalb ich die Türe leicht bewegte. Die beiden Kaiserinnen drehten sich um und lachten sehr gnädig, als sie mich erblickten. Kaiserin Eugénie sagte: ›Oh, natürlich, Kaiser Napoleon möchte mich sprechen. Sagen Sie ihm bitte, daß er fünf Minuten warten soll.‹ Und er mußte tatsächlich fünf Minuten warten, bis er vorgelassen wurde.« (Wilczek, S. 71 f.)

Ebenso wie die tägliche Vermessung der Taille, der Schenkel und der Waden gehörte das dreimal tägliche Wägen zum fixen Bestandteil des Schönheitsprogramms. Die Kaiserin ließ alle Ergebnisse in Listen festhalten und reagierte bei der geringsten Gewichtszunahme mit strengen Maßnahmen: Sofort wurden die Essensmengen herabgesetzt, was bewirkte, daß Elisabeth bei einer Körpergröße von 172 Zentimetern ihr Leben lang zwischen fünfundvierzig und fünfzig Kilogramm wog.

Wie jede Zeit der Geschichte brachte auch das 19. Jahrhundert zahlreiche Methoden der Schlankerhaltung hervor, die die Kaiserin dankbar annahm und eifrig anwandte. So schlief sie zum Beispiel oftmals »mit feuchten Tüchern oberhalb der Hüften, um ihre Schlankheit zu bewahren ...« (Wallersee, S. 53), oder sie trank eine Mixtur, die aus mit Salz gewürztem, rohem Eiweiß von fünf bis sechs Eiern bestand. Ein anderes bevorzugtes Diätmittel stellte süße und saure Kuhmilch dar. Der Kaiser erstand dafür besonders qualitätvolle Kühe, die jeweils im Schönbrunner Tirolergarten untergebracht wurden. Als Ende September des Jahres 1895 neu angekaufte Tiere geliefert wurden, überzeugte sich Kaiser Franz Joseph an Ort und Stelle vom Zustand und der Qualität der Kühe, was er der Gemahlin in einem Brief vom 29. September mitteilte: »Gestern waren wir (der Kaiser und Katharina Schratt) im Tiroler Garten, wo wir die beiden neuen Kühe, Deinem Befehle gemäß, ansahen, die mir sehr gut gefielen. Auch kosteten wir kuhwarme Milch von der Kuh aus Aix-les-Bains, die ich besonders gut fand. Es war keine Zeit, auch noch die andere Kuh melken zu lassen, da ich in die Stadt mußte, aber Heute nach der 7 Uhr Messe kommt von jeder der beiden Kühe eine kleine Flasche Milch zur Freundin, um daß wir kosten können.«

Fortan produzierten die beiden Tiere Milch ausschließlich für die Kaiserin, die ihr kuhwarm in einem dafür eigens geschaffenen Deckelglas serviert werden mußte. Die Kühe begleiteten die Kaiserin auf den meisten Schiffsreisen, ebenso wie anfänglich auch Ziegen (wegen der begehrten Milch) mit im Schiffsgepäck waren. Da die Tiere das Reisen auf hoher See aber nicht gewohnt waren, wurden sie bald seekrank und gaben in der Folge keine Milch mehr.

Wenn sich die Kaiserin auf Reisen befand, wohin die Kühe nicht mitgenommen werden konnten, wurden die Tiere in Lipizza, dem Gestüt der Spanischen Hofreitschule, untergebracht, wo man sie täglich auf ihren Gesundheitszustand überprüfte.

Außerdem hatte es sich die Kaiserin zur Gewohnheit gemacht, in Bad Ischl oder in ihrer Heimat rund um den Starnberger See in Bauernhäusern oder Almwirtschaften einzukehren, die sie während ihrer Spaziergänge streifte, und sich nach dem Gesundheitszustand der Kühe zu erkundigen. Wenn sich die Tiere wohl befanden, ließ sie sich gerne ein Glas Milch kredenzen.

Einen fixen Bestandteil des täglichen Pflegeprogramms nahm die Behandlung des Teints ein, den die Kaiserin – der Jahreszeit und dem Aufenthaltsort entsprechend – mit den verschiedensten Mitteln behandelte. Üblicherweise wurde das Gesicht morgens mit Cold-Cream (Hautpflegemittel, halbfette Creme mit hohem Wassergehalt, durch dessen Verdunstung sie kühlend wirkt), Kampfer (alkoholische Lösung für Einreibungen) und Borax (Desinfektionsmittel) leicht massiert, bei stärkerer Sonnenbelastung legte Elisabeth Gesichtsmasken aus gereinigtem Honig oder aus Topfen auf, die zwei Stunden lang einwirkten. Die Sonnenstrahlen selbst wurden mit allen möglichen Mitteln bekämpft, wie die Nichte der Kaiserin in ihren Erinnerungen beschreibt: »Obwohl das Sonnenlicht Elisabeths Schönheit verklärte, fürchtete sie es und trug stets einen wunderlichen blauen Schirm an ihrem Hute zur Abwehr gegen Sonnenbrand und Sommersprossen; auch am Abend hatte sie immer einen Fächer zur

Hand, zum Schutze ihres Gesichts.« (Wallersee, S. 5 f.) Trotzdem scheint die Kaiserin durch die vielen Seereisen mitunter sehr braun gebrannt gewesen zu sein und litt mit zunehmendem Alter an starken Falten und trockener Haut.

Während der Erdbeerzeit bestrich die Kaiserin Gesicht und Hals mit zerdrückten Erdbeeren oder mit einer extra für sie hergestellten Erdbeersalbe, einer Mischung aus mit – antibakteriell wirkender – Salizylsäure eingekochten wilden Erdbeeren und Vaseline (ölartige Salbengrundlage). Um Körper und Haut geschmeidig zu halten, nahm die Kaiserin warme Olivenölbäder. Vor dem Zubettgehen wurden mitunter frische, dünngeschnittene Kalbsschnitzel auf Wangen, Stirn und Dekolleté aufgelegt, die neben den aufgelösten, sorgfältig drapierten Haaren und den feuchten Wickeln um die Hüften mit ein Grund waren, daß Elisabeth etliche Nächte unbeweglich auf dem Rücken liegend verbrachte.

Mitesser bekämpfte die Kaiserin nach einer Methode des Leibarztes der Königin Marie Leszczynska, der Gemahlin König Ludwigs XV. von Frankreich: Dugrain empfahl zunächst ein Wasserbad mit Seife, wonach man die Haut mit einer Salbe eincremte, die aus einem Eßlöffel Honig, zwei Löffeln Bierhefe und zwei Löffeln Weizenmehl bereitet worden war. Diese Paste mußte einige Zeit einwirken gelassen werden und wurde danach wieder abgewaschen. Außerdem neigte Elisabeth zu Leberflecken, die sie – einer Empfehlung der

Ärzte folgend – behandelte, indem sie wochenlang nur vegetarische Kost zu sich nahm.

Alle Schönheitsmittel, Salben und Tinkturen führte die Kaiserin auf ihren Reisen in einem eigenen Holzkoffer mit, der auch noch Phiolen mit Majoran, Lavendel, Quendel (Thymianart) und Rosmarin enthielt. Parfum verwendete sie nie, da sie starke Düfte nicht ertragen konnte. Die einzige Ausnahme bildete pulverisiertes Irisparfum, das man, in kleine Leinenbeutel gefüllt, zwischen die Wäschestücke legte.

Während der zahlreichen Kuren erweiterte Elisabeth auch das tägliche Pflegeprogramm, das am frühen Morgen mit einer Trockenbürstemassage bei offenem Fenster eingeleitet wurde. Danach ließ sich die Kaiserin mit einem Präparat aus Rindergalle, Alkohol und Glyzerin (Bestandteil aller natürlichen Fette) einreiben (Elisabeth wurde aber auch, wenn sie sich nicht auf Kuren befand, bis zu zweimal täglich mit den verschiedensten Essenzen massiert). Danach folgte ein laues Bad in ausschließlich destilliertem Wasser und – während der Kuraufenthalte – eine weitere Massage, wobei der Körper diesmal mit Puder eingerieben wurde. Ein leichtes Frühstück mit Zwieback und Kräutertee (die Kaiserin trank niemals schwarzen Tee oder Kaffee) und ein etwa zweistündiger Spaziergang beendeten das morgendliche Pflegeprogramm. Anschließend ruhte die Kaiserin auf einem Sofa, für die Füße standen warme Ziegelsteine bereit.

Während der Kuraufenthalte wurden abends Fichtennadelvollbäder und Wechselfußbäder genommen. Viermal wöchentlich ließ die Kaiserin einen Leibwickel bereiten, den sie in der Nacht während drei Stunden anbehielt.

Eigener Pflegeprogramme und Vorbereitungen bedurfte es auch vor den Ausritten, die mit einer besonderen Mahlzeit eingeleitet wurden: »Ehe es zur Jagd ging, genoß Elisabeth eine seltsame Suppe. Sie bestand aus einer Mischung von Rindfleisch, Huhn, Reh und Rebhuhn, alles durcheinander gekocht. Dieser Extrakt war stärker als die stärkste Kraftbrühe. Zu der Suppe trank sie zwei Glas Wein ...« (Wallersee, S. 43) Was den Speiseplan der Kaiserin betrifft, so hielt sie sich dabei an das Menuprogramm der englischen Jockeys, die als Hauptnahrungsmittel beinahe rohes Beefsteak zu sich nahmen und denen Mehlspeisen verboten und Brot nur in geringen Mengen erlaubt waren. Im Reitzeug führte die Kaiserin stets eine mit Fleisch gefüllte Silberbüchse mit, die in einem ledernen Futteral steckte.

Vor der Reitermahlzeit nahm Elisabeth gewöhnlich ein Bad, das mit einem aus Korfu stammenden Extrakt versetzt wurde. Die Schwester der Kaiserin (Marie Sophie, Königin von Neapel) bezeichnete es gern als »Gladiatorenbad«, da dieses Spezialöl die beste Wirkung in extrem heißem Badewasser entfaltete, das der Badende gerade noch imstande war zu ertragen. Dem Bad folgte eine Massage mit sogenanntem Muskelwasser, das etwaige Spannungen lösen sollte. Captain Middleton, der bevorzugte englische Jagdbegleiter der

Kaiserin, versorgte ihren Haushalt mit etlichen Fässern dieses Wassers.

Entgegen allen Erwartungen schlug Kaiserin Elisabeth das sportliche Leben nicht gut an, das sie bis zum Exzeß betrieb: Der Reitsport, bei dem sie sich dem Trainingsprogramm der Jockeys unterwarf, die Schwitzkuren, die zahlreichen Diäten, das Fechten, das Mehr-Laufen als Spazierengehen schädigten allmählich den Körper und das Nervensystem der Kaiserin, was schwere Schweißausbrüche an Händen und Füßen zur Folge hatte. Während man dieses Übel mit einer Mischung aus Lärchenschwamm- und Ysoptee (Ysop ist ein im Mittelmeerraum vorkommender Strauch, der früher als Heil- oder Gewürzpflanze kultiviert wurde) bekämpfen konnte, gab es wenige Heilungsmethoden für die körperlichen Schäden (Ischias, Rheuma, starke Gliederschmerzen), weshalb Elisabeth mit zunehmenden Jahren vor allem auf den regelmäßig betriebenen Reitsport verzichten mußte.

5

*»Hoffentlich wirst Du in meiner
angenehmen Gesellschaft wieder Freude ...
am Essen bekommen.«*

(Kaiser Franz Joseph an seine Gemahlin)

Über die Essensgewohnheiten der Kaiserin

In früheren Lebensjahren liebte Kaiserin Elisabeth die deftige bayrische Küche, trank, wie sie es aus ihrer Heimat gewohnt war, Bier und etwas Wein und aß vor allem leidenschaftlich gerne Mehlspeisen. Diese Essensgewohnheiten gab sie mit zunehmendem Alter (der schlanken Figur zuliebe) völlig auf und ernährte sich beinahe nur noch von Milch und Orangen-, Zitronen-, Spinat- oder Fleischsäften, ebenso wie sie eines Tages das gemeinsame Mahl an der Familientafel einstellte, um künftighin nur noch alleine zu speisen. Wenn der Kaiser sich auch manchmal kritisch darüber äußerte, so hatte er die Maßnahmen der Gemahlin doch zur Kenntnis zu nehmen, die – wenn sie einmal eingeführt waren – nicht mehr umgestoßen wurden. Besonders wenig anfreunden konnte er sich mit den zahlreichen, wechselnden Diäten, die die ohnehin leichte Erregbarkeit der Kaiserin noch förderten. Anläßlich eines Aufenthaltes in Cap Martin an der französischen Riviera entdeckte Kaiser Franz Joseph zum ersten Mal ein rötliches Getränk auf dem gedeckten Tisch, das die Gemahlin geordert hatte und dessen Inhalt er sich nicht erklären konnte. Es handelte sich um den Saft von sechs Kilogramm ausgepreßtem Ochsenfleisch. Dem Kaiser graute entsetzlich davor, und er ließ sich ausnahmsweise zu einer selten emotionalen Regung hinreißen, die seinen tief empfundenen Ekel ausdrückte. Der Fleischsaft blieb trotzdem zur Unterstützung der Abmagerungskuren im täglichen Speiseplan.

Kaiser Franz Joseph haßte die Schlankheitskuren seiner Frau, die ihre angeborene Rastlosigkeit und Nervosität steigerten, und er bemühte sich oftmals, diesen Unternehmungen entgegenzuwirken. »(Ich fürchte,) ... daß Du die Abmagerung, die Überanstrengung (durch den Sport) und das Hungern wieder mehr wie je übertreibest. Hoffentlich wirst Du in meiner angenehmen Gesellschaft wieder Freude am Besuche der Hotels und am Essen bekommen.« (Aus einem Brief des Kaisers aus Wien, vom 8. Februar 1896, nach Cap Martin an die ihm vorgereiste Gemahlin)

Die Diskussionen um den Sinn der Abmagerungskuren ziehen sich wie die Besprechungen der Haarwaschtage durch die Korrespondenz zwischen dem Kaiser und seiner Gemahlin. Aber auch Katharina Schratt wurde oftmals mit der leidigen Schlankheitsgeschichte und den damit in Zusammenhang stehenden Seelenzuständen der Kaiserin behelligt: »... Von der Kaiserin, welche Sie herzlich grüßt, kann ich, Gott lob, nur günstiges berichten. Die doppelte Kur scheint ihr gut anzuschlagen und wenn sie sich das Essen gönnt, was doch manchmals vorkommt, so finde ich ihren Appetit ausgezeichnet.« (Gastein, 9. Juli 1893) Elisabeth hat – entgegen allen Erwartungen – gerne gegessen, wie auch in manchen Briefen angedeutet wird, so wie sie ihrem Sohn Rudolf anläßlich eines Aufenthaltes in Zürich, von den »exzellenten Dingen« in den dortigen Konditoreien berichtete, die sie gemeinsam mit ihren Schwestern besuchte. In ihrer Gesellschaft konnte sie Unmengen von heißer Schokolade und Cremetorten verzehren.

Jedoch hingen Appetit und die Bereitwilligkeit an einem gemeinsamen Mahl mit den daran teilnehmenden Personen zusammen, wobei die Anwesenheit der bayrischen Verwandtschaft Elisabeths eine große Rolle spielte: »... Gestern kam der König von Neapel (Franz II., Ehemann einer Schwester der Kaiserin Elisabeth) mit seinem Bruder dem Grafen (Alfons) von Caserta, dessen Frau (Antonia, einer Cousine ersten Grades), charmanten Tochter (aus der Menge der ziemlich gleichaltrigen Töchter nicht auszumachen) und Schwiegermutter (Januaria, die Tochter des Kaisers Pedro von Brasilien) von Cannes zum Déjeuner zu uns, welchem auch mein Schwager Carl (Carl Theodor, der Lieblingsbruder der Kaiserin Elisabeth) mit Frau (der zweiten Gemahlin Maria Josefa, Tochter des Exkönigs Miguel von Portugal) und Tochter (aus der Menge der ähnlich alten Töchter ebenfalls nicht zu identifizieren) beiwohnten, so daß wir 10 Personen waren. Die Kaiserin, die sich durch längeres Fasten vorbereitet hatte, aß von allen Speisen mit dem besten Appetite. Es war wohlthuend zu sehen, wie sie sich einmal satt aß ...« (Cap Martin, 6. März 1894)

Wesentlich öfter finden sich in der Korrespondenz Bemerkungen über die verschiedensten Kuren und deren Auswirkungen, wie auch aus einem Brief an Katharina Schratt aus Gödöllö hervorgeht: »... Ich fand die Kaiserin, Gott lob, sehr gut aussehend und in guter Stimmung, entzückt von Aix-les-Bains und von Territet. Ich finde sie, trotz Milch- und Obst-Fasttagen, eher stärker geworden, hüte mich aber natürlich, diese Ansicht zu äußern.« (datiert 9. Oktober 1895)

Irgendwann hatte auch Katharina Schratt Gefallen an den Diäten und Schlankheitskuren gefunden, weshalb in der Folge der Kaiser als Mittler zwischen den Damen auftrat, um deren Erfahrungen und Erfolge auszutauschen: »... Die Kaiserin läßt Ihnen sagen, daß Milch- und Obst-Tage viel besser und nützlicher sind, als Ihre Schilddrüsen Kur (das muß sich um eine Methode handeln, die eine Schilddrüsenüberfunktion forciert). Sie hatte Vorvorgestern einen Milch- und Vorgestern einen Obsttag und hat in Folge dessen 2 Pfund weniger ein Loth abgenommen. Darob großes, von mir nicht getheiltes Entzücken ...« (Gödöllö, 11. Oktober 1895)

Zwei Jahre später findet sich in einem Brief die wahrscheinlich einmalige Bemerkung über eine für die Gewohnheiten der Kaiserin starke Gewichtszunahme, die als weiterer Beweis gelten darf, daß Elisabeth gerne aß: »(Die Kaiserin) hat ... gestern eine Milchkur begonnen, bei welcher sie immer 3 Tage nur Milch ohne Brot und Marienbader Wasser genießen und am 4. Tage ordentlich essen will und so fort in dieser Einteilung. Auch will sie fleißig Bycicle fahren, alles zur Abmagerung, da sie seit letztem Herbste 6 Kilo zugenommen hat.« (Brief Kaiser Franz Josephs an Katharina Schratt vom 11. Juni 1897)

In den letzten Lebensjahren nahm die Kaiserin beinahe ausschließlich kalte Speisen zu sich, wobei ein Abendessen hauptsächlich aus eiskalter Milch, rohen Eiern und einem Glas Tokayer bestand. Sie verfügte über eine eigene Küche mit Köchin, die die auf die Diäten abgestimmten Speisen zu eigenwillig festgelegten Stunden bereitete und sie in den Privaträumen Elisabeths servierte. Dort nahm die Kaiserin die kargen Mahlzeiten vorzugsweise alleine zu sich, eine Angewohnheit, die sie auch auf Reisen mit ihrem Gemahl nicht gerne aufgab. Wenn Kaiser Franz Joseph Elisabeth am Ende eines jeden Winters nach Cap Martin nachreiste, waren die gemeinsamen Stunden auf ein Mindestmaß eingeschränkt. Manchmal nahm die Kaiserin eine Hauptmahlzeit mit ihrem Ehemann ein, beim Frühstück bestand sie allerdings beharrlich auf ihrem Recht, von niemandem gestört zu werden.

Die eigens für die Kaiserin arbeitende Küche scheint seit den frühen sechziger Jahren des 19. Jahrhunderts bestanden zu haben, da von da ab eigene Rechnungsposten aufscheinen. Als nach dem katastrophalen Ausgang der Schlacht bei Königgraetz (1866) allgemeine Einsparungen bei Hof angeordnet wurden, die zuallererst die Hoftafel betrafen, protestierten die Hofbediensteten heftig, da sie bis dahin übriggebliebene Speisen und Lebensmittel für den Privatgebrauch mit nach Hause nehmen durften. Wenn aber beim Essen gespart wurde, konnte künftighin für die Angestellten nichts mehr abfallen, weshalb viele von ihnen drastische Gegenmaßnahmen setzten. Unter anderen bediente sich auch die Köchin der Kaiserin einer wirksamen Finte und trug der Herrscherin fortan nur noch mindere Kost auf. Von Elisabeth darüber zur Rede gestellt, gab sie an, wegen des Sparprogramms nur noch billige Lebensmittel kaufen zu können, worunter die Qualität der Speisen eben leide. Die Kaiserin beschwerte sich bei ihrem Gemahl, der mit den Sparmaßnahmen natürlich nicht den Haushalt der Kaiserin schädigen wollte. Um keine allzu großen Ungerechtigkeiten aufkommen zu lassen, mußte er die rigorosen Maßnahmen teilweise zurücknehmen, und es dauerte nicht lange, bis der alte Status wieder hergestellt war und die Hofbediensteten sich wie ehedem privat von der Hoftafel versorgten.

6

»Auf den (Turn)Stricken hängend,
machte sie einen phantastischen Eindruck wie
ein Wesen zwischen Schlange und Vogel.«
(Constantin Christomanos über Kaiserin Elisabeth)

Über die sportlichen Aktivitäten der Kaiserin

Entgegen allen Regeln der Zeit, denen zu Folge Damen der Gesellschaft wenig oder kaum Sport betrieben, betätigte sich Kaiserin Elisabeth äußerst aktiv als Athletin. Sogar innerhalb ihres Wohnbereichs mochte sie auf das tägliche Trainingsprogramm nicht verzichten, weshalb überall, wo sie lebte (in der Hofburg, in Bad Ischl, in der Villa Hermes in Lainz, in Schloß Gödöllö usf.) Turn- und Gymnastikräume eingerichtet wurden. Die mindeste Ausstattung stellten Turnringe dar, die an Türstöcken in den Privaträumen der Kaiserin montiert wurden. Elisabeth nutzte jede freie Minute, um sich körperlich zu ertüchtigen, so daß sie – um Leerläufe zu vermeiden – sogar vor Bällen oder Empfängen ihr Ertüchtigungsprogramm absolvierte: »(Die Kaiserin) ließ mich (den Griechischlehrer) heute vor dem Ausfahren nochmals in den Salon rufen. An der offenen Tür zwischen dem Salon und ihrem Boudoir waren Seile, Turn- und Hängeapparate angebracht. Ich traf sie gerade, wie sie sich an den

Handringen erhob. Sie trug ein schwarzes Seidenkleid mit langer Schleppe von herrlichen schwarzen Straußfedern umsäumt. Ich hatte sie noch nie so pompös gekleidet gesehen. Auf den Stricken hängend, machte sie einen phantastischen Eindruck wie ein Wesen zwischen Schlange und Vogel. Um sich niederzulassen, mußte sie über ein niedrig aufgespanntes Seil hinwegspringen. – ›Dieses Seil‹, sagte sie, ›ist dazu da, damit ich das Springen nicht verlerne. Mein Vater war ein großer Jäger vor dem Herrn, und er wollte, daß wir wie die Gemsen springen lernen.‹ Dann bat sie mich, die Lektüre aus der Odyssee fortzusetzen. Sie wollte heute später ausfahren, weil sie einige Erzherzoginnen zum Empfang erwartete, weswegen sie auch diese ausnehmend zeremonielle Robe anziehen mußte, wie sie mir sagte. – ›Wenn die Erzherzoginnen wüßten‹, sagte sie, ›daß ich in diesem Kleid geturnt habe, sie würden erstarren. Aber ich habe dies nur en passant getan, sonst erledige ich diese Sache immer in der Frühe oder abends.«‹ (Christomanos, S. 67 f.)

Als sich die Kaiserin im Jahr 1882 in Feldafing am Starnberger See aufhielt, veranlaßte sie, daß man in dem Appartement, das sie im ersten Stock eines Hotels bewohnte, ein eigenes Turnzimmer einrichten und den Boden mit etwa zwölf Zentimeter dicken Matratzen belegen ließ. Nachdem sie in den frühen achtziger Jahren des 19. Jahrhunderts aus gesundheitlichen Gründen das Reiten aufgeben mußte, entschied sie sich, als Ersatz dafür Fechtunterricht zu nehmen: »Der

Fechtsport macht der Kaiserin nun täglich mehr Freude. Ein eigener Fechtlehrer mit laufendem Gehalt wird angestellt, und Elisabeth macht in kürzester Zeit die größten Fortschritte in dieser Kunst, die sie, wie alles, was sie beginnt, mit Eifer betreibt und ernst nimmt. Der kleine Panzer, die Fechthandschuhe und der kurze, graue, ganz moderne Rock, den sie dazu trägt, stehen ihr ausgezeichnet, und in Kürze müssen die Lehrer ihre ganze Kunst zusammennehmen, wollen sie die kleinen Gefechte siegreich bestehen.« (Corti, S. 298)

Wenn es das Wetter erlaubte, wurden die Fechtstunden ins Freie verlegt. Nach dem Training pflegte die Kaiserin im Feldafinger Pfarrgarten in einer Hängematte zu ruhen, weil sie sich dort durch eine dichte Hecke vor den Blicken der Neugierigen am besten geschützt glaubte. Wenn sie im Starnberger See ein Bad nahm, mußte für die Dauer ihrer Anwesenheit die Badeanstalt geschlossen werden, und zwei Polizisten waren mit der Aufgabe betraut, niemanden in die Nähe der Kaiserin vorzulassen. Gerne benutzte sie auch den hoteleigenen Swimmingpool, wobei sie sich von einem Negermädchen begleiten ließ, das ihr als Badefrau zur Hand ging und sie während des dortigen Aufenthaltes täglich massierte. Diese Bedienstete trug während der Arbeit eine riesige, rote Kopfbedeckung, die bis über den Rücken reichte und die ihr exotisches Aussehen unterstrich. Mit dieser Dienerin in ihrer Begleitung erregte die ohnehin außergewöhnlich auftretende Kaiserin zusätzliches Aufsehen, wenn auch die Einheimischen rund um den Starnberger See an wittelsbachische Eigenheiten gewohnt waren, da schon der Vater Elisabeths, Herzog Max in Bayern, mit vier Negerzwergen im Schlepptau umherzog.

Bis zu dem Zeitpunkt, an dem Kaiserin Elisabeth das Reiten aus gesundheitlichen Gründen aufgeben mußte, zählte es zu ihrer Lieblingssportart, die sie seit ihrer Kindheit trainierte. Auf die Idee ihres Vaters war sie sogar zur Zirkusreiterin ausgebildet worden, um im hauseigenen Zirkus, der dem Münchner Stadtpalais eingebaut war, vor geladenem Publikum Vorführungen geben zu können. Elisabeth beherrschte schon sehr bald die gängigsten Kunststücke, wie auf zwei trabenden Pferden stehend das Gleichgewicht zu halten und vom Rücken der Pferde durch Reifen zu springen.

Als Erwachsene zählte sie zu den besten und wagemutigsten Reiterinnen ihrer Zeit. In Wien ließ sie sich vom Ersten Stallmeister der Spanischen Hofreitschule im Kunstreiten unterrichten, der sie mit den Regeln der Hohen Schule vertraut machte. Bald vermochte die Kaiserin die kompliziertesten Schritte und Sprünge auszuführen, und es zog sie zu immer neueren, riskanteren Techniken. In der Folge wandte sie sich an den Zirkus Renz, der in der – heute nach ihm sogenannten – Zirkusgasse im zweiten Wiener Gemeindebezirk einen ständigen Sitz hatte, und nahm bei der Kunstreiterin Elise Renz, der Tochter des Besitzers Ernst Jakob Renz, Unterricht in Akrobatik auf dem Pferd. In Schloß Gödöllö ließ die Kaiserin an die Hofstallungen ein Gebäude für eine eigene Manege anbauen, in der sie unter Anleitung von Elise Renz Zirkuskunststücke einstudierte. Daß die Freundschaft mit der Zirkusreiterin Anlaß zu bösem Hofklatsch gab, trug Elisabeth mit gelassener Selbstverständlichkeit, da sie gewohnt war, daß man ihre – meist sehr außergewöhnlichen Leidenschaften – gerne kritisierte.

Besonderen Gefallen fand Kaiserin Elisabeth an Fuchsjagden. Die berühmtesten und gefährlichsten Veranstaltungen fanden in England und Irland statt, an denen sie ab den siebziger Jahren des 19. Jahrhunderts oftmals teilnahm. Über die Vermittlung des fünften Earl of Spencer von Althorp Park, einem Vorfahren von Fürstin Diana von Wales, John Paynth Spencer, Vizekönig von Irland, wurde die Kaiserin im Jahr 1876 mit William George Middleton, dem Adjutanten des Vizekönigs, bekannt, der als der hervorragendste Jagdreiter seiner Zeit galt.

Er war ihr als Jagdführer zugeteilt worden, worüber sich der dreißigjährige Offizier, der von Freunden Bay genannt wurde, zunächst wenig freute. Auf die Ehre, die Kaiserin von Österreich »zu beaufsichtigen«, konnte er gerne verzichten. Seine Voreingenommenheit sollte sich allerdings bald ändern, da er in Elisabeth nicht nur eine kongeniale Reiterin fand, sondern auch eine echte Freundin gewann, und selbst sie, die mit Freundschaften vorsichtig umging, brachte ihm viel Sympathie entgegen.

Von allen Männern, die im Leben der Kaiserin eine bedeutende Rolle spielten und »die damals, meist ohne die geringste Berechtigung, als ihre Liebhaber bezeichnet wurden, weiß man bei Bay Middleton am wenigsten, woran man ist. Über ihn wird hauptsächlich in Jagderinnerungen berichtet, in denen aber selten etwas von dem Charme erwähnt wird, den er zweifellos gehabt haben muß, wenn er eine Kaiserin zu betören vermochte. Denn daß Elisabeth von ihm betört war, steht fest ...« (Haslip, S. 314) In den Gedichten ihres poetischen Tagebuchs taucht er – wie viele andere Verehrer als Halb-Esel-Halb-Mensch-Kreatur »Freund Langohr« auf, eine der vielen Anspielungen auf ihr Lieblingsstück, den Sommernachtstraum[1] von William Shakespeare:

---

[1] Kaiserin Elisabeth nahm in ihren Gedichten gern die Rolle der Feenkönigin Titania, einer Protagonistin des Stücks, ein. Die Anspielung bezieht sich auf einen Streich Oberons, Titanias Gemahl, der seine Ehefrau während des Schlafs durch ein Mittel verzaubert, das bewirkt, daß sie sich beim Erwachen in die erstbeste Kreatur, die ihr nahen würde, verlieben werde. Dieses Geschöpf ist der – ebenfalls durch Zauberei – mit einem Eselskopf versehene Weber Zettel, und Titania erglüht in Liebe zu ihm. Nach wieder aufgehobenem Zauber erhält der Weber die ursprüngliche Gestalt zurück, der Eselskopf verbleibt am Boden liegend, und Titania vermeint, auch wenn sie die Larve erblickt, nur geträumt zu haben (Titania: »Mein Oberon, was für Gesicht ich sah! Mir schien, ein Esel hielt mein Herz gefangen ... [sie erblickt den Eselskopf] ... Oh, wie mir nun vor dieser Larve graut!«).

»*Rostfarben* (gemeint ist die Haarfarbe)
war mein Freund Langohr,
Sein Wiehern hell und laut,
And never was he sick, nor sore,
(Und er war niemals krank oder
schmerzempfindlich,)
But jumped and pranced about.
(sondern sprang und bäumte sich auf.)«

In Bezug auf die Esels-Anspielungen vergleiche man
auch mit dem Gedicht »Titanias Klage« (»*Doch immer
beim Morgengrauen, an's Herz gedrückt noch warm,
musst' mit Entsetzen ich schauen den Eselskopf im
Arm!*«) oder mit den Strophen über Kaiser Franz Joseph in dem Gedicht »Das Kabinet« (beide aus dem
poetischen Tagebuch):

»*Doch eine Pause tritt nun ein* (im Räsonnieren
über die Verehrer)*:*
Der letzte (Eselskopf) hängt abseits;
Denn war er auch nur winzig klein,
Macht' doch mir's ärgste Kreuz.
Er (Kaiser Franz Joseph) war ein Vollblut-Eselein,
Voll Eigensinn und Laun',
Benahm er sich auch artig fein,
War ihm doch nicht zu trau'n ...«

Selbst bei objektiver Grundeinstellung klingen die
Verse an den Reitbegleiter wesentlich freundlicher als
die an den kaiserlichen Gemahl. Bay Middleton avan-
cierte während der Englandaufenthalte zum ständigen

Begleiter der Kaiserin und wurde – was nicht lange ausbleiben konnte – einer ihrer glühendsten Anbeter. Seiner Meinung nach besaß Elisabeth eine Urkraft, die sie magnetisch mit den Pferden verband. Außerdem verfügte sie über geistige Kräfte, die in das Innere eines jeden Tieres einzudringen vermochten und es von ihr beeinflußbar machte. Als man eines Tages in einem Gestüt des Grafen Festetics beabsichtigte, einen prachtvollen Hengst zu erschießen, der drei Stallburschen zu Tode gebracht und etlichen Menschen schwere Bein- und Rippenbrüche zugefügt hatte, suchte die Kaiserin, kaum daß sie von der geplanten Tötung des Tieres gehört hatte, in aller Eile das Gehöft auf, um sich sofort in den Stall zu begeben. Sie betrat den Verschlag des unbändigen Hengstes, koste ihn, sprach beruhigend auf ihn ein, sattelte ihn, bestieg ihn zum Ausritt, und das Tier gehorchte ihr aufs Wort und ließ sich – lammfromm geworden – von ihr führen. Nach einigen weiteren Behandlungen und Ausritten galt das Pferd als sanft und gezähmt und konnte risikolos im Gehöft verbleiben.

Als William George Middleton im Jahr 1882 heiratete, brachen die Jagdaufenthalte in England und Irland abrupt ab. Middleton traf die Kaiserin noch einige Male: einmal in Amsterdam, als sich Elisabeth bei dem damals berühmten Professor Metzger zur Massagekur aufhielt und Bay Middleton sich nach einem schweren Reitunfall, bei dem er sich das Schlüsselbein gebrochen und die Schulter ausgerenkt hatte, nachbehan-

deln ließ. Ein paar Mal wurde er auch nach Schloß
Gödöllö als Jagdleiter geladen. Am 9. April 1892 drohte bei einem Geländeritt sein Pferd zu stürzen, das aber
den Sturz im letzten Moment verhindern konnte. Dabei schlug der Kopf des nach vorn gefallenen Reiters
mit einer derarten Wucht auf den Brustkorb, daß er
sich das Genick brach und starb.

Einem ähnlichen Schicksal entging die Kaiserin einige Male nur knapp, einer der spektakulärsten Reitun-
fälle ereignete sich in Ungarn, nahe Schloß Gödöllö,
das zu den Lieblingsaufenthaltsorten der Kaiserin
zählte.

An einem Frühsommertag Ende der siebziger Jahre
unternahm Janos de Szaak, ein ungarischer Magnat
und Chef einer alteingesessenen adeligen Familie, seine tägliche Spazierfahrt im Gödöllöer Wald. Plötzlich
vernahm er aus der Ferne das schnelle, dumpfe Ge-
räusch eines galoppierenden Pferdes, in das sich weib-
liche Hilferufe mischten. De Szaak sprang aus seinem
Wagen und lief in die Richtung, aus der die immer stärker werdenden Schreie kamen. Bald konnte er das
durchgehende Tier ausnehmen, an dem, mit einem Fuß
im Steigbügel verhakt, die mittlerweile bewußtlose
Reiterin hing, die vom Pferd nachgeschleift wurde.

De Szaak warf sich dem wild gewordenen Tier in die
Zügel, wurde selbst eine kurze Strecke mitgerissen, bis
es ihm endlich gelang, die Herrschaft über das Pferd zu
gewinnen und es zum Stehen zu bringen. Während er
mit einer Hand das aufgeregte Tier am Zügel festhielt,

löste er mit der anderen den Fuß der im Steigbügel verhakten, mit Staub bedeckten und im Gesicht und von den Lippen blutenden Reiterin. Rasch holte er Hilfe, ließ die verwundete Frau in sein Landhaus bringen und übergab sie in die Obhut einer Gouvernante. Als die Reiterin nach einiger Zeit wieder das Bewußtsein erlangte, erzählte man ihr von dem Unfall und daß sie ihr Leben dem rasch eingreifenden Janos de Szaak verdanke. Daraufhin wünschte sie, sofort den Retter zu sprechen, der auch erschien und erst jetzt in der Verwundeten die Kaiserin von Österreich erkannte. Sie bedankte sich bei de Szaak, der für ihre Rettung sein Leben riskiert hatte. Doch er winkte bescheiden ab und ermahnte die noch unter Schock stehende Kaiserin zur Ruhe.

Inzwischen hatte man in Gödöllö von dem Unfall gehört, und ein Flügeladjutant Kaiser Franz Josephs war abkommandiert worden, sich auf das Gut de Szaaks zu begeben, um der Kaiserin zu Hilfe zu eilen. Außerdem hatte er sich im Auftrag des Kaisers, der von Unfall und Rettung unterrichtet worden war, beim Schloßherren zu bedanken. Im Namen Franz Josephs überbrachte er ein Paar Schimmel und ein Paar Rappen zum Geschenk, die aus einer besonders edlen Züchtung stammten. Weiters bat er de Szaak, über den Zwischenfall bis an sein Lebensende absolutes Stillschweigen zu bewahren. Kurz vor seinem Tod brach de Szaak sein Versprechen (er verstarb 1934 im Alter von fünfundsechzig Jahren) und erzählte die für ihn Geschichte gewordene Episode seiner Enkelin, einer Prinzessin Gra(e?)ciano.

Den Reit- und Fechtsport mußte Kaiserin Elisabeth im fortgeschrittenen Alter (ab den achtziger Jahren des 19. Jahrhunderts) aufgeben, da sie ab dieser Zeit unter starken Gicht- und Ischiasschmerzen zu leiden begann. Obwohl sie sich ständig dagegen behandeln ließ, konnte das Leiden nicht mehr gelindert werden. Typisch für sie, die Sportlernatur, waren die Methoden, mit denen sie die Erscheinungen bekämpfte, wie den Tagebuchblättern Constantin Christomanos' zu entnehmen ist: »Das Knie hat sie heute sehr geschmerzt. Sie leidet stark an Ischias in diesem Winter, wie sie mir sagte. Sie mußte sich von Zeit zu Zeit mit Schnee einreiben, um Linderung zu finden. Sie tat dieses selber, im Freien, wobei sie mich bat, ihren Schirm zu halten und mich einige Schritte zu entfernen. Sie kam jedesmal hochgerötet vor Anstrengung und Pein zurück.« (ders., Winter 1891/92, S. 65)

Niemals aufgegeben wurden die ausgiebigen Spaziergänge, die fünf und mehr Stunden dauern konnten und von den Hofdamen eher als »Spazierläufe« empfunden wurden. Sie »dienten nicht mehr dem Luftschöpfen, sondern wurden zum regelrechten Leistungssport, so daß (der Kaiserin) die ... Geheimpolizisten kaum mehr zu folgen vermochten. Ihre Gäste in Gödöllö und Ischl waren nach Kräften bemüht, der Ehre, ... (sie) auf einem Spaziergang begleiten zu dürfen, auszuweichen. Der achtzigjährige Kaiser Wilhelm

75

I., der zu Elisabeths glühendsten Bewunderern zählte, entschuldigte sich bei einem solchen Anlaß ›wegen zu vorgeschrittener Jugend‹.« (Haslip, S. 363)

Für die Spaziermärsche hatte sich die Kaiserin eine eigene Gehtechnik zurechtgelegt. Es scheint sogar eine Art Ausbildung dafür gegeben zu haben, die Herzog Max in Bayern, der Vater Elisabeths, all seinen Kindern angedeihen hatte lassen, wie Christomanos nach einem Gespräch mit der Kaiserin anmerkte: »Heute sagte ich zur Kaiserin, als wir von der Promenade zurückkehrten: – ›Ich kann mich nicht genug verwundern, daß der Gang Euerer Majestät nach stundenlangem Gehen nicht die geringste Müdigkeit verrät.‹ – ›Ich werde auch niemals müde‹, entgegnete sie. ›Wir, meine Schwestern und ich, haben dies unserem Vater zu verdanken. ›Man muß auch gehen lernen‹, sagte er uns immer und hielt uns einen berühmten Lehrmeister dafür. ›Aber unser Lehrer‹, fügte sie heiter hinzu, ›schärfte uns jedesmal ein: ›Man muß bei jedem Schritt, den man tut, von dem früheren sich ausruhen können, sowenig wie möglich sich über die Erde schleifen.‹ Nur ein Beispiel sollten wir uns vor Augen halten: Die Schmetterlinge. Meine Schwester Alençon und die Königin von Neapel sind berühmt wegen ihres Ganges in Paris. Aber wir gehen nicht, wie Königinnen gehen sollen. Die Bourbonen, die fast nie zu Fuße ausgegangen sind, haben eine eigene Gangart bekommen – wie stolze Gänse. Sie gehen wie wahre Könige ...‹« (ders., S. 76)

7

*»Trotzdem für Ihre Majestät die Kaiserin
eher ein Eisenbad indiziert ist, kommt
Allerhöchstdieselbe doch zuerst nach Kissingen
aus folgendem Grund ...«*
(Dr. Kerzl in einem Brief anläßlich eines bevorstehenden
Kuraufenthaltes der Kaiserin)

Über Krankheiten, Kuren und Arzneien

Um die immer zahlreicher werdenden Kuren der
Kaiserin planen und die verschiedenen Gesund-
heits- und Pflegemittel richtig anwenden zu können,
aber auch um Beistand in seelischen Nöten zu erhalten, bedurfte es einer Menge von Ärzten, die sich aus
den kaiserlichen Leibärzten und etlichen anderen europäischen Medizinern und Kurärzten zusammensetz-
ten. Alle waren mit der Gesunderhaltung oder Thera-
pierung Kaiserin Elisabeths beschäftigt, berieten sie
und verordneten auf ihren Wunsch neue Kuraufenthalte, die meist dem einzigen Zweck dienten, dem
kaiserlichen Hof und seinen Verpflichtungen zu entfliehen.

Am Beginn ihrer Ehe genügte der Kaiserin noch der
medizinische Beistand Dr. Fischers, des bayrischen
Leibarztes ihrer Eltern. Mit dem kaiserlichen Leibarzt,
Dr. Seeburger, pflegte sie kühlen oder keinen Kontakt,
da er den wahren Grund ihrer Krankheiten durch-

schaut hatte, dem er – in Loyalität zu seinem hohen Dienstgeber, dem Kaiser – nicht nachgeben wollte. Er faßte die Erscheinungen Kaiserin Elisabeths unter dem Sammelbegriff nervöser Affektionen zusammen und wertete sie als Reizungen einer Frau ohne sinnvolle Beschäftigung und ohne Lebensinhalt. Da er ihr auch keine Kuren anempfahl, konnte er von seiten der Kaiserin nur Mißachtung ernten.

Ab dem Jahr 1864 vertraute sich die Kaiserin dem neuen kaiserlichen Leibarzt Dr. Widerhofer an. Sie knüpfte aber auch mit vielen anderen Wiener Ärzten Kontakte, auf deren Urheberschaft etliche erhaltene Rezepte zurückgehen. Die Arzneischeine wurden an die Hofapotheke in der Stallburg weitergereicht, wo man die Medikamente sofort herstellte und die Rezepte in den Archiven aufbewahrte.

Im folgenden sollen einige der am häufigsten verordneten Heil- und Pflegemittel aufgeführt werden wie die immer wiederkehrende Wilson-Salbe (nach dem gleichnamigen britischen Hautarzt), ein Hautsalben-Gemisch aus Zinkoxyd (ein wichtiges Spurenelement), Glycerin (zur Erhöhung der Schmierfähigkeit) und Talg. Weiters fielen in den Jahren 1860–1869 Bestellungen an über Melissentee, Schafgarbentee (Hausmittel gegen Leber- und Magenleiden), Eisentropfen (gegen Blutarmut), Augentropfen (Rosmarinäther, der, auf der Hand zerrieben, vor die geöffneten Augen gehalten wird, – interessant im Zusammenhang mit dem starken Aberglauben Kaiserin Elisabeths scheint auch die Bedeutung Rosmarins seit dem Mittelalter als Abwehrmittel gegen böse Geister), Orientalische Kosmetiksalbe, Waschwasserextrakt, Eisenpulver oder Eisenschokolade (gegen Blutarmut).

1870–1879 fielen Bestellungen an über Eisenschokoladezeltchen (gegen Blutarmut), Indischer Hanf (dient zur Herstellung von Haschisch und Marihuana), Hustenpulver, krampflösende Mittel, Badepulver, Streupulver, Lebertran (Stärkungsmittel), Schwefelsandseife, Morphium (im 19. Jahrhundert als Schmerzmittel angewendet), Crème céleste (»himmlische Creme«, eine Hautcreme, der Rosenwasser zugefügt wurde), Chloralhydrat (Schlafmittel), Chinin (fiebersenkendes Mittel), Marienbader Ferdinandsbrunnen, Mittel gegen Insektenstiche. 1875 wurde Pepsin-Speisepulver (zur Verdauung) verschrieben sowie eine Sodalösung für Bäder. Weiters gehen Eisenalbumin (schwefelhältige Proteine), Jodsalbe (zur Desinfektion) und Emser Victoriaquelle auf Rezepte zurück.

Dr. Widerhofer, der Leibarzt des Kaisers, verschrieb im selben Jahr Solelösungen für Bad und Inhalation (für den Aufenthalt in Bad Ischl) sowie Kissinger-Rakoczy-Trinkwasser. Zinksalbe (desinfizierende Wundsalbe), Sodalösung zum Baden und Alaun-Lösung (blutstillend) wurden am 4.9.1876 von der Kaiserin für eine Schiffsreise mit der »Miramar« angefordert. Aus derselben Zeit stammen Bestellungen für natürliches Mineralwasser aus Spa in Belgien (von der Pouhon-Quelle), Kissinger-Wasser, Eger-Franzensbrunn, Emser Pastillen und Badewasser (Ischler Sole und destilliertes Wasser).

Auf Ärzterezepte der Jahre 1880–1889 gehen Zink- und Wilson-Salbe (die nach Bad Kreuth in Bayern zu senden war) zurück. Von den Leibärzten Dr. Widerhofer und Dr. Kerzl wurde Opiumpulver zum Abführen, Boraxlösung zum Gurgeln, Rosmarin-Augenwasser und Augensalbe verschrieben.

Am 27.8.1886 wurden im Auftrag der Kaiserin vom Hofexpedienten Säxinger folgende Posten bestellt: Schwarzes Pflaster (aus 14 dag Baumöl, 7 dag Minium, 5 dag Terpentin, 7 dag gelbem Wachs, 5 g Kampfer – Zugsalbe gegen Furunkel). Am 26.10.1886 forderte Frau von Ferenczy verdünnte Salzsäure (zur besseren Verdauung), Bittersalz (gegen Verstopfung) und Hallerjod-Wasser an. Am 20.10.1887 langte eine Bestellung über essigsaure Tonerde für Umschläge ein und am 18.11.1887 eine über Arsen-Eisen-Wasser. Weiters wurden im November 1889 Eisenpillen und Lidsalbe nach Korfu und »Campher-Salbe« nach Bad Gastein geschickt.

In den Rezepten dieses Jahres scheint auch ein Rezept zur Herstellung von Molke als Zusatz für die Bäder der Kaiserin auf, die – wie folgt – gewonnen wurde: Frische, warme Milch wird bei 28 Grad Réaumur (22,4 Grad Celsius) zwanzig Minuten lang »mit Kälbermagen(ferment) dick gelegt«. Ist die Milch dick geworden, wird sie unter gleichzeitigem Rühren bei 38 Grad R (30,4 Grad Celsius) erwärmt. Nach weiteren zwanzig Minuten sind die Käsekörner von ungefähr Erbsengröße etwas fest geworden. Man läßt die Masse ruhig stehen, bis sich der Käse auf dem Boden gesetzt hat. Danach schöpft man ihn heraus, erhitzt die verbleibende Flüssigkeit bei mäßigem Feuer auf 90 Grad Celsius und setzt verdünnte Milchsäure zu, bis sich Albumin in Flocken ausscheidet. Nun läßt man noch 15 Minuten kochen und filtriert alles (Molke wurde im 19. Jahrhundert auch als Abführmittel verwendet).

Zu den Bestellungen 1890–1898 zählt der Auftrag der Friseuse Feifalik (auf dem Bestellschein wird sie bereits als Frau Hofrat tituliert) über Salicyl-Kopfgeist zum Haarebepinseln. Am 23.7.1891 ließ sich die Kaiserin Gesichtssalbe (aus Zinkoxyd-Schwefel, zum Einreiben), Augenbrauensalbe und Vaselin nach Bad Gastein schicken. Ein Rezept von Dr. Kerzl vom 24.10.1892 weist verdünnte Salzsäure, Bland'sche Eisenpillen mit Rhabarber (als Abführmittel) und Lysol zur Desinfektion der Hände vor jeder Mahlzeit auf. Die Entkeimung war nötig, da sich das kaiserliche Paar zu dieser Zeit auf Schloß Gödöllö befand, als in Ungarn eine Choleraepidemie wütete, die weite Teile der Bevölkerung erfaßt hatte.

Weiters fielen Bestellungen für Cold-Crème, Augenbrauensalbe, Salbe für die innere Nase, Körpersalbe, Franzbranntwein, Aromatische Salbe, Eisenpillen, Molke nach dem obenangeführten Rezept und Kampfersalbe mit Kochsalz an. 1893 verschrieb Dr. Kerzl

Eisenpillen, Augenwasser, Salicyl-Franzbranntwein, Bittertee (Tausendguldenkraut) und abermals Lysol zur Desinfektion.

Im Oktober 1896 fielen Bestellungen für Schwefeläther (zur Einreibung), Salvatorquelle, Borszeker Wasser und Eisenpillen an. Im Januar 1897 wurden Eisenpillen und verdünnte Salzsäure nach Biarritz geschickt, 1898 abermals Eisenpillen mit verstärktem Rhabarber und im August desselben Jahres Glyzerinzäpfchen nach Caux bei Montreux.

1897 und 1898 befand sich Kaiserin Elisabeth zu wiederholten Kuraufenthalten in Bad Kissingen, wo sie von Dr. Sotier behandelt wurde. Nachkuren wurden unter Aufsicht eines gewissen Dr. Felix Schlagintweit durchgeführt. Aus dieser Epoche sind einige Briefe der behandelnden Ärzte wie ein aus derselben Zeit stammender Laboratoriumsbefund erhalten, die im folgenden wiedergegeben werden sollen:

Undatiertes Schreiben des Wiener Hofarztes Dr. Kerzl an Dr. Sotier in Bad Kissingen aus dem Jahr 1897:

»Hochverehrter Herr College!

Trotzdem für Ihre Majestät die Kaiserin eher ein Eisenbad indiziert ist, kommt Allerhöchstdieselbe doch zuerst nach Kissingen aus folgendem Grund. Neben der bedeutenden Anämie (Blutarmut) bestehen einzelne Erscheinungen im Verdauungssystem; so eine sehr langsame, mit viel Gasentwicklung einhergehende Verdauung, eine Verminderung der peristaltischen Bewegung (das wellenförmige Sichzusammenziehen der glatten Muskulatur in den Wänden von Hohlorganen wie der Magen-Darm-Kanal oder die Harnleiter) der Eingeweide u. infolgedessen Obstipationen (Verstopfung) u. ein beständiges Gefühl von Gebläthsein. Lauter Erscheinungen, deren Beseitigung man nach Gebrauch von Kissingen erhofft.

Zur Wahl von Kissingen trug noch die persönliche Sympathie Ihrer Majestät bei, da Ihre Majestät schon einmal vor Jahren in einer ähnlichen Erkrankung daselbst Heilung gefunden hat. Neben diesen erwähnten Beschwerden im Verdauungstrakte besteht noch eine große Anämie bei Ihrer Majestät, die sich zwar schon etwas gehoben hat, deren Besserung aber erst durch die Regelung der Verdauung in Kissingen u. durch die darauffolgende Cur in Schwalbach gänzlich erhofft wird. Es ist nicht nötig, daß ich Herrn College den ganzen Verlauf der Krankheit erzähle, nur das werde ich erwähnen, was Ihnen zur Dosirung der Flüßigkeitsmenge, die Ihre Majestät in Kissingen nehmen soll, zu wissen nötig ist. Ausser den allgemeinen Erscheinungen einer hochgradigen Anämie oder besser gesagt Hydrämie (erhöhter Wassergehalt des Blutplasmas infolge verminderter Wasserausscheidung bei Herz- oder Nierenerkrankungen), fand man bei Ihrer Majestät im December verflossenen Jahres Ödeme der beiden unteren Extremitäten (Gewebswassersucht in den Beinen) u. eine Vergrösserung des linken Herzventrikels (Herzkammer), ein den ersten

Herzton begleitendes systolisches, sogenanntes Blutgeräusch, u. eine sehr schwache Herzthätigkeit. Puls Früh 42, Abends 48, fadenförmig, kaum fühlbar. Durch das veränderte Regime (Diät) u. durch Wechsel des Aufenthaltes, hat sich, wie schon bemerkt, vieles gebessert, doch die Vergrösserung des linken Herzens, die Schlaffheit der Herzmuskulatur ist noch größtenteils geblieben; man darf also diesem ohnehin geschwächten Muskel nicht zuviel zumuten, was durch Zufuhr von großen Flüssigkeitsmengen auf einmal herbeigeführt würde. Da Ihre Majestät ohnehin schon einen großen Theil der Nahrung, als Milch, flüßig nimmt, so könnte, wenn auch noch viele Wasser genommen würde, diese Befürchtung eintreten.

Würde man aber, um das tägliche Quantum von Flüssigkeit nicht zu erhöhen, weniger Milch gestatten, so könnte wieder die Ernährung leiden. Ich wende mich daher an Sie, Hochgeehrter Herr College, da Sie ja Ihre Wässer gut kennen, Ihrer Majestät nur so viel Wasser anzuraten, als sie zur Beseitigung der oben genannten Übel als unbedingt nötig erachten, damit nicht zuviel Flüssigkeit eingeführt werde, andererseits aber auch die Ernährung nicht leidet.

Hochachtungsvollst ergebenst

Dr. Kerzl«

Anläßlich des Aufenthalts der Kaiserin wurde eine Untersuchung des Urins durchgeführt, dessen Befund (des Analytischen Laboratoriums in Bad Kissingen) in den Hofarchiven erhalten blieb:

»Zeit des Einlaufens: 19. Mai 1897 (ein Jahr vor dem Tod der Kaiserin, sie stand damals im sechzigsten Lebensjahr) um 6 Uhr 50 Min. nachm.

Zeit der Abfertigung: 20. Mai 1897 um 11 Uhr vorm.

Tagebuch der Untersuchungen: Band X, Seite 1759, Nro. 4499

Analytisches Laboratorium
der Ludwigs-Apotheke von Ernst Ihl in Bad Kissingen.

I. Allgemeines Verhalten des Urins:
Aussehen: Staubig, am Boden des Gefässes ein wenig feiner, rother Harnsand, Menge des Urins: 155 CCm.
Farbe: Zwischen Gelb und Rothgelb stehend.
Reaction: Stark sauer. – Geruch: normal
Spezif. Gewicht: 1,023
Acidität (als Salzsäure berechnet): 0,1679 %
Sediment: In der untersten Spitze des Glases etwas rother Harnsand, darüber eine Wolke gelber, krystallinischer Ausscheidung von geringem Umfange

II. Untersuchung auf aussergewöhnliche Bestandtheile:
Albumin ist nur in äusserst schwachen, unwägbaren Spuren vorhanden
Hemi-Albumin desgleichen

Pepton fehlt

Zucker fehlt

Aceton, Acet-Essigsäure sowie Gallenfarbstoff sind nicht nachweisbar.

III. Mengenbestimmung einzelner Bestandtheile:
Die Menge-Bestimmungen der Harnsäure und des Harnstoffes mussten unterbleiben, weil die verfügbare Urinmenge hiezu nicht ausreichte.

IV. Mikroskopische Untersuchung des Sediments:
Ergab die nachfolgenden Bestandtheile:
Viele kleinere und grössere Harnsäure-Krystalle in Wetzsteinformen, von welchen letztere bereits bei der Entleerung des Urins vorhanden waren, während erstere beim Erkalten des Urins gebildet wurden;

Leukocythen (weiße Blutkörperchen) in geringer Zahl, meistens vereinzelt, mitunter auch zu Häufchen vereinigt;

Schleim-Gerinnsel in mässiger Menge;

Viel Pflaster-Epithel, insbesondere grosse, unregelmässig polygone, plattenförmige Zellen, sowohl einzeln als auch in zusammenhängenden Partien auftretend;

viele lange, schmale, hyaline, inhaltlose, mitunter gewundene Cylindroide;

sehr wenige, vereinzelte, rundliche, granulirte Nieren-Epithelien.

Ernst Ihl, Apotheker.«

Schreiben Dr. Sotiers, Bad Kissingen, an Dr. Felix Schlagintweit, Brückenau, im Mai 1897, das sich auf eine Nachkur der Kaiserin bezieht:

»Bade Kur.

Ihre Majestät geruhen Stahlbäder mit 25 Grad R(eaumur, 20 Grad Celsius) Dauer 10 Minuten u. einer leichten Abgießung mit Stahlwasser von 18–20 Grad R (14,4–16 Grad Celsius) auf die Dauer von 1/2 – 1 Minute nehmen zu wollen; ferner Moorbäder mit 27 Grad R (21,6 Grad Celsius) Dauer bis zu 12 Minuten, mit Reinigungsbad von Stahlwasser 25 Grad R (20 Grad Celsius) auf die Dauer von 2–3 Minuten u. Abgießung mit Stahlwasser bei warmer Temperatur mit 15 Grad R (12 Grad Celsius), bei kühler Witterung mit 18–20 Grad R (14,4–16 Grad Celsius) auf die Dauer von 1/2– 1 Minuten.

Es würde sich somit folgender Badplan für Brückenau ergeben:

22. Mai	Stahlbad
23. Mai	Stahlbad
24. Mai	Ruhetag
25. Mai	Moorbad
26. Mai	Ruhetag
27. Mai	Stahlbad
28. Mai	Stahlbad
29. Mai	Ruhetag
30. Mai	Stahlbad
31. Mai	Stahlbad

1. Juni	Ruhetag
2. Juni	Moorbad
3. Juni	Stahlbad
4. Juni	Stahlbad
5. Juni	Ruhetag
6. Juni	Stahlbad
7. Juni	Stahlbad
8. Juni	Stahlbad
9. Juni	Ruhetag
10. Juni	Ruhetag

An den Ruhetagen mit Ausnahme des 29. Mai können kurze Stahlbäder bis zu 5 Minuten genommen werden.

Die Diät ist jede kräftige Fleischspeise, keine blähenden Gemüse, kein rohes Obst u. keine Salate.

Junges, zartes Geflügel und Wild jeglicher Art; an Fischen Forellen.«

8

»Auf Flügeln des Gesanges, Herzliebchen, trag ich dich fort ...«
(aus dem Lyrischen Intermezzo von Heinrich Heine, vertont von Felix Mendelssohn Bartholdy)

Über die künstlerischen Talente der Kaiserin

Seit Kindertagen hegte Kaiserin Elisabeth eine große Leidenschaft für die Dichtkunst – sie verfaßte seit ihrem zehnten Lebensjahr kleine Gedichte und führte ab diesem Zeitpunkt auch ein romantisches Tagebuch – und liebte die Musik als Ausführende wie als Zuhörerin. Beides scheint ein Erbteil des Vaters, Herzog Max' in Bayern, gewesen zu sein, der ein musisch ebenso interessierter wie begabter Mann war.

Nach dem Vorbild Heinrich Heines schrieb und veröffentlichte er – unter dem Pseudonym Phantasus – Gedichte, Märchen und Satiren, worüber sich niemand in der königlich-bayrischen Familie freute. Schon mit der Verehrung für Heinrich Heine setzte sich Herzog Max über soziale Normen hinweg, da die Beschäftigung mit diesem Dichter, der einen schlechten Ruf als Freigeist, Gotteslästerer und Gesellschaftskritiker hatte, in den sogenannten besseren Kreisen verpönt war. 1822 war Heines erste Sammlung von Gedichten erschienen, »die damals beim Publikum nur wenig Anklang fanden. Der Grundcharakter der Heineschen Lyrik tritt darin aber bereits unverkennbar hervor: eine gewisse Neigung zu der Traumwelt der Romantik ... verbunden mit dem ätzenden, nichts schonenden Witz; eine wahrhaft tiefe dichterische Anschauung neben der gottlosesten Frivolität und der widrigsten Obszönität.« (aus einer Literaturgeschichte des 19. Jahrhunderts: Koenig, S. 633)

1835 verbot ein deutsches Bundestagsdekret die Verbreitung von Heines Werken und denen von vier Mitstreitern, die unter dem Namen »Junges Deutschland« zusammengefaßt wurden und die beschrieben wurden als »eine litterarische Schule, deren Bemühungen unverhohlen dahin gehen, in belletristischen, für alle Klassen von Lesern zugänglichen Schriften die christliche Religion auf die frechste Weise anzugreifen, die bestehenden sozialen Verhältnisse herabzuwürdigen und alle Zucht und Sittlichkeit zu zerstören.« (zitiert in: Koenig, S. 640)

Herzog Max in Bayern, der auch die Musik sehr liebte und der einige Instrumente beherrschte, führte auf allen Reisen und Ausflügen die Zither mit sich, um in den ländlichen Gasthäusern rund um den Starnberger See selbst gedichtete Verse zum besten zu geben: »Zum Klang seiner Gitarre oder Zither pflegte der Herzog der Gelegenheit entsprechend schlüpfrige ›Gstanzln‹ zu improvisieren, während Elisabeth ... mit fliegenden Zöpfen und heißen Wangen tanzte und in der bestickten Schürze die Münzen auffing, die ihr die Bauern-

burschen zuwarfen. Viele Jahre später, als sie längst
Kaiserin von Österreich war, zeigte sie einer erstaunten
Hofdame einige Münzen aus jenen Tagen, die sie auf-
bewahrt hatte, und erklärte in ihrem halb traurigen,
halb scherzenden Ton, dies sei das einzige Geld, das sie
je ehrlich verdient habe.« (Haslip, S. 41 f.)

Herzog Max in Bayern ließ auch Elisabeth bei seinem Freund und Lehrer Johann Petzmayer im Zither-
spiel unterrichten. Später in Wien nahm die Kaiserin
weiteren Unterricht und musizierte mit einem gewissen Franz Kropf. Sie beherrschte dieses Instrument
recht gut und war maßgeblich daran beteiligt, die Zither in Österreich zu einer Art Modeinstrument zu machen. Als am 24. Jänner 1893 anläßlich der Hochzeit
der Erzherzogin Margarethe Sophie, einer Schwester
des Thronfolgers Franz Ferdinand, mit Herzog Albrecht von Württemberg stattfand, wurde – dem
Wunsch der Kaiserin entsprechend – unter der Leitung
des Komponisten und Hofkapellmeisters Carl Michael
Ziehrer, ein Walzer (»Gebirgskinder«) intoniert, in
dem die Zither als Soloinstrument einen eigenen Teil
bestritt.

Kaiserin Elisabeth beherrschte auch das Spiel auf
dem Klavier, und es heißt, sie habe unter der Obhut
Franz Liszts ihr Können verfeinert, mit dem sie vier-
händig spielte. Als Musikinteressierte förderte sie so
manchen begabten jungen Künstler, zu denen auch der
spätere Kapellmeister der Josefstadt, Rudolf Raimann,
zählte. Sie hatte ihn als siebenjährigen Interpreten bei

einem Klavierkonzert gehört, wo sie von seinem Spiel so entzückt war, daß sie ihm spontan zusagte, die Kosten für die weitere Ausbildung zu übernehmen. Bis zum fünfzehnten Lebensjahr erhielt er ein jährliches Stipendium von siebenhundert Gulden (um die 80 000 Schilling), und anläßlich eines Geburtstags schenkte sie ihm einen Bösendorfer-Flügel.

Die Kaiserin wiederum erhielt 1867 (zu ihrem 30. Geburtstag) vom Hof-Klaviermacher Ludwig Bösendorfer ein besonders prunkvoll ausgestattetes Klavier zum Geschenk, das auf der Pariser Weltausstellung desselben Jahres sozusagen als »Gesamtkunstwerk im kleinen« gezeigt worden war. Es stellte nicht nur einen ausgezeichneten Klangkörper dar, für den die Firma Bösendorfer weltberühmt geworden war, sondern verfügte auch über einen kunstvoll gefertigten Korpus aus dunklem Palisanderholz und war mit zwei musizierenden Putten versehen, die das mit dem Monogramm der Kaiserin gezierte Notenpult bewachten. Goldene, florale Ornamente und Tierreliefs schmückten die Frontseite des Klaviers und waren von Theophil Hansen, dem Erbauer des Wiener Parlamentsgebäudes, entworfen worden.

Kaiserin Elisabeth schwärmte auch für Zigeunermusik, weshalb sie immer wieder die Gesellschaft der Zigeuner suchte und ihnen deshalb in Ungarn sogar erlaubte, rund um Schloß Gödöllö zu leben und zu musizieren, obwohl das Sicherheitspersonal dieser Abmachung großen Widerstand entgegensetzte.

Gerne ließ sich Elisabeth von ihrer Nichte Marie Wallersee-Larisch, die über eine schöne Singstimme verfügte, Lieder vortragen und sich mit Klavier oder Gitarre selbst begleiten konnte. Zu den bevorzugten Stücken zählten Lieder nach Texten von Heinrich Heine, Elisabeths und ihres Vaters Lieblingsdichter, wie »Die Lotosblume«, »Der Asra« und »Waldgespräch«, von denen einige von Robert Schumann vertont wurden.

Im Jahr 1902 sollte »dem ungezogenen Liebling der Grazien«, wie die Kaiserin Heine genannt hatte, auf Allgemeinbeschluß eines Komitees in Deutschland ein Denkmal gesetzt werden, da sich der Geburtstag des Dichters zum einhundertfünften Mal jährte. Da man die Verehrung der österreichischen Herrscherin für Heine kannte, griff man für die Ausarbeitung des Plans auf einen Bildhauer, den Dänen Louis Hasselriis, zurück, der schon 1879 für Elisabeth ein Heine-Denkmal, eine Büste des Dichters auf einem mit einer Lyra geschmückten Postament, geschaffen hatte.

Das vorerst zur Verschönerung einer österreichischen Residenz gedachte Werk wurde später im Park des Achilleons auf Korfu aufgestellt. Am Sockel der Büste war der Namenszug des Dichters angebracht, eine Zeile tiefer gab sich die Auftraggeberin als »Frau Heine« zu erkennen, hinter der sich niemand anderes als die Kaiserin selbst verbirgt. Kaiser Wilhelm, der nach dem Tod der Kaiserin von der Tochter und Erbin, Gisela von Bayern, das Achilleion erwarb, ließ die Plastik des Dichters und den Tempel 1908 abtragen, da er Heine wegen seiner Preussenfeindlichkeit verachtete. An derselben Stelle fand ein von ihm in Auftrag gegebenes Denkmal der Kaiserin Elisabeth Platz.

Das so lange und von so vielen Personen geplante Heine-Denkmal in Deutschland wurde letztendlich von einem Bildhauer namens Georg Kolbe geschaffen und erst am 13. Dezember 1913 in Frankfurt am Main in einem Festakt enthüllt.

Kaiserin Elisabeth hatte einmal sogar Heines Lieblingsschwester, Charlotte von Emden-Heine, in Hamburg besucht (sie verstarb am 14.10.1899 im Alter von 99 Jahren) und 1886 in Wien einen Neffen Heines empfangen, um sich von ihm über die besten Porträts des Dichters informieren zu lassen. Die Kaiserin hatte sich schon zu dieser Zeit eingesetzt, Heine in seiner Geburtsstadt Düsseldorf ein Denkmal errichten zu lassen, wofür sie knapp dreizehntausend Mark spendete (das entsprach der Hälfte der veranschlagten Gesamtsumme). Der fehlende Betrag sollte durch Spenden aufgebracht werden. Um die Sammlung in Schwung zu bringen, verfaßte Elisabeth im September 1887 ein eigenes Gedicht (Aufruf), das romantische Bilder rund um das geplante Heine-Denkmal entwirft und das sie – entgegen ihren sonstigen Gewohnheiten – veröffentlichte:

»... Die Linden werden Ehrenwache halten,
Umrauschen ihres Sängers Marmorbild;
Zu seinen Füssen werden sich entfalten

Die Rosen, deren Sehnen dann gestillt ...
Und süsser noch soll ihre (der Nachtigallen)
Stimme tönen
Aus Lindenbäumen, Rosensträuchen jetzt.
Ward doch erfüllt ihr träumerisches Sehnen,
Dem Meister wird sein Standbild nun gesetzt,
Dem Dichter all des Lieblichen und Schönen,
Das heute noch des Menschen Herz ergötzt. –
Es will die Nachwelt Ihm den Dank nun geben,
Ihm, dessen goldne Lieder ewig leben.«

Zur Ausführung dieses Auftrags wurde ebenfalls der
Däne Hasselriis gewonnen. Als eine antisemitische
Hetzkampagne entbrannte, verzichtete die Kaiserin
wegen der heiklen politischen Situation, in der sie sich
befand, auf die weitere Unterstützung des Projektes.
Elisabeths Engagement für Heine war zu einem öffentlichen Ärgernis geraten, und man hat sie deshalb innerhalb der Familie und in der Presse scharf angegrif-
fen. Kronprinz Rudolf, der die Anfeindungen seiner
Mutter gegenüber verachtete und der sich ihr seelenverwandt fühlte, bestärkte sie nicht nur in ihrem Engagement, sondern schenkte ihr am Weihnachtsabend
des Jahres 1888 eine Ausgabe von Heines Briefen.

Die von Hasselriis fertiggestellte Statue wurde 1891
nach Korfu gebracht und bildete den Mittelpunkt des
Heine-Tempels im Schloßpark des Achilleons: »Weiße
Säulen tragen eine Kuppel; darauf steht eine goldene
beflügelte Nike, einen Lorbeerkranz schwingend. Un-

ter der Kuppel aber befindet sich der marmorne Heine
... Müde lehnt er in seinem Lehnstuhle, die Knie in
eine wollene Decke gehüllt. Den Kopf auf die Brust
gesenkt, schaut er mit vor Thränen verschleierten Augen weit hinaus über das blaue, unter dem Kusse des
Windes in wonnigen Schauern erdunkelnde Meer ...«
(aus: Constantin Christomanos, Das Achilles-Schloß
auf Corfu, Wien 1896, S. 17 f., zitiert in: Ausstellungskatalog)

Heine geriet zu einem Hauptinhalt in Elisabeths Leben. Wenn sich die Kaiserin zum Dichten zurückzog,
um »ins Reich der Träume zu eilen«, so wandte sie sich
stets an »ihren Meister« (Heine) um Hilfe, mit dem
sie spiritistisch zu verkehren glaubte. Alles Verfaßte
schrieb sie seinem Diktat zu, wofür sie ihm am 5. März
1887 in einem eigenen Gedicht dankte: »*Es schluchzt
meine Seele, sie jauchzt und sie weint, Sie war heute
Nacht mit der Deinen vereint; Sie hielt Dich umschlun-
gen so innig und fest, Du hast sie an Deine mit Inbrunst
gepresst. Du hast sie befruchtet, Du hast sie beglückt ...*«

Heinrich Heine haftete so stark in ihrem Geist, daß
die Träumereien mitunter sogar in Wahnvorstellungen
übergingen, die die Kaiserin innerlich zu zerreißen
drohten. Ihre Tochter Valerie machte sich ernsthaft
Sorgen, als ihr die Mutter »... eines Tages schrieb, sie
habe, als sie eines Abends im Bett lag und das Mond-
licht durch das Fenster fiel, deutlich das Profil des
Dichters vor sich gesehen, wie sie es von Bildern her
kannte, und dabei die merkwürdige, ziemlich unange-

inks) Hofrat Dr. Fischer, der bayrische Leibarzt der Eltern der Kaiserin. – 7 (Mitte) rzog Max in Bayern, der Vater der Kaiserin. – 8 (rechts) Prinz Rudolf von Liechten- in, einer der Vertrauten der Kaiserin, der mit der geheimen Druckerarbeit an ihren sönlichen Schriften beteiligt war.

ie Kinder der Kaiserin Elisabeth, Kronprinz Rudolf und Erzherzogin Gisela, in r Kinderkutsche (wahrscheinlich während der Zeit des Madeira-Aufenthalts der serin).

10–13 Verschiedene
Ansichten des Achill‹
ons auf Korfu: Villa ‹
oben mit Blick auf d‹
Meer, Treppenaufgan‹
mit Statuen und elek‹
scher Beleuchtung, e‹
Salon im Inneren, Bl‹
auf die Gartenterrass‹

14 (links) Teile des Tafelsilbers aus dem Achilleion mit dem Zeichen des Delphins (un der Krone) versehen. – 15 (rechts) Silberservice der Kaiserin Elisabeth (von Mayerho & Klinkosch, Wien ≈1853).

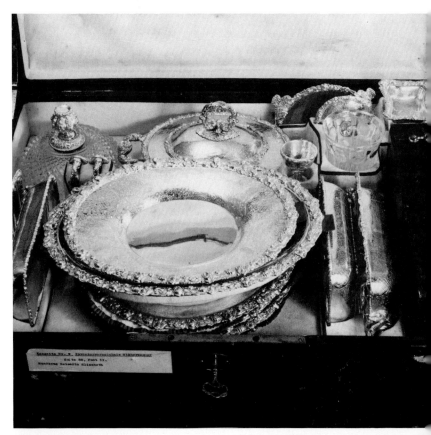

16 Reiseservice und Mundzeug (Besteck) der Kaiserin Elisabeth (von Stefan Mayerhc Wien 1832).

nehme Empfindung gehabt, als wolle diese Seele die
ihrige aus dem Leib herausreißen. ›Der Kampf dauerte einige Sekunden‹, berichtete sie, ›aber Jehova (diesen Ausdruck verwendete die Kaiserin – wie Heinrich
Heine – an Stelle von Gott) gestattete der Seele nicht,
den Körper zu verlassen. Die Erscheinung verschwand
und ließ mir trotz der Enttäuschung des Weiterlebens
eine beglückende Befestigung im zuweilen schwanken-
den Glauben, eine größere Liebe zu Jehova und die
Überzeugung zurück, daß der Umgang von Heines
Seele und der meinen von ihm gestattet sei.‹« (Haslip,
S. 392 f.)
  Der literarische Nachlaß der Kaiserin umfaßt ein Tagebuch in Gedichtform, das in schwärmerischer oder
zynischer Weise Tagesgeschehnisse festhielt. Es wurde
im Leopoldinischen Trakt der Hofburg, wo man eine
eigene Druckerei hatte einrichten lassen, hergestellt.
»(Eines Tages begann die Kaiserin,) ihre Biographie zu
schreiben. Das Werk wurde in den Kellern der Hofburg gedruckt und der (Druck)Satz später vernichtet.
Zwei Abzüge dieser hochinteressanten Autobiogra-
phie sind erhalten (in Wirklichkeit gab es sogar sechs
oder mehr Kopien, aber das wußte Marie Larisch-Wallersee zu diesem Zeitpunkt noch nicht) und liegen in sicheren Händen.« (Wallersee, S. 86)
  Wenige Jahre später, als Gräfin Larisch-Wallersee
abermals ein Werk über die Habsburger veröffentlichte, waren ihr schon mehr Einzelheiten bekannt. Wenige der Zeitgenossen glaubten sie ihr, die sich im

nachhinein, als die Frist zur Veröffentlichung der originalen Elisabethschriften abgelaufen war, und mehrere Wissenschaftler die autobiographischen Notizen der Kaiserin überprüften, als völlig richtig erwiesen. »Die Kaiserin verteilte diese (gedruckten) Exemplare an sechs ihr vertrauenswürdig erscheinende Personen zur Verwahrung, gegen das Versprechen, daß diese Bücher sich von Generation zu Generation vererben sollten, um dann, wenn die Frist von sechzig Jahren nach ihrem Tode um sein würde, veröffentlicht zu werden.« (Wallersee II, S. 179)

Von den sechs vertrauenswürdigen Personen konnten später zwei mit Sicherheit identifiziert werden: Herzog Carl Theodor in Bayern, der Lieblingsbruder der Kaiserin, und Prinz Rudolf Liechtenstein, der gemeinsam mit Graf Hanns Wilczek, dem früher zitierten Augenzeugen der Wadenkonkurrenz zwischen den Kaiserinnen Eugénie und Elisabeth – die Druckarbeit in der Hofburg überwachte.

Graf Wilczek bewohnte in Wien ein neben der Hofburg liegendes, familieneigenes Palais in der Herrengasse 5. Zwischen der Hofburg und dem Wilczek'schen Gebäude lag ein Haus mit der Straßenfront zur Schauflergasse, in dem sich die Wohnung Ida von Ferenczys, der Vorleserin der Kaiserin, befand, zu der man auf einem unterirdischen Verbindungsgang von der Burg aus unbemerkt gelangen konnte. Dort wurden die Manuskripte der Kaiserin, Tagebuchblätter und Gedichte, zunächst handschriftlich kopiert, um die Autorin nicht durch die allgemein bekannte Schrift zu demaskieren.

Mit der Abschrift betraut wurde die lange Zeit bevorzugte Nichte der Kaiserin, Marie Larisch-Wallersee, und deren Cousine Henny Peicz. Zunächst aber arbeitete Gräfin Larisch nach dem Diktat der Kaiserin in deren Privaträumen in der Hofburg. Bei der ersten Sitzung öffnete die Kaiserin ein Paket von Papieren und begann »... eine Menge Blätter auszubreiten ... Nun weihte (sie) mich ... ein in das, was ich zuerst schreiben sollte. Es hieß ›Ein Sommernachtstraum‹ und behandelte ihr erstes Erlebnis als Kaiserin ... Dann diktierte sie mir ... Das Diktat dauerte über zwei Stunden, die Kaiserin sah ermüdet aus, und mir waren Arm und Hand steif geworden. ›Das Diktieren strengt doch mehr an, als ich glaubte‹, sagte sie ... Ich hatte nachgedacht, und schüchtern kam ich mit einem Vorschlag heraus: ›Tante Sissi, wenn ich die Blätter sehen dürfte, ich glaube bestimmt, daß ich alles lesen könnte. Dann würde ich vom Blatt abschreiben und das ersparte das Diktieren.‹ ... Die Kaiserin nickte ... Damit reichte sie mir ein bekritzeltes Blatt.« (Wallersee II, S. 176 f.) Ab diesem Zeitpunkt las die Nichte vor Beginn der Schreibarbeit der Kaiserin die zu kopierenden Seiten vor und übersiedelte dann in die Wohnung Ida von Ferenczys, wo sie gemeinsam mit Henny Peicz das Tagespensum erledigte.

Als die Abschreibearbeit vollendet war, vernichtete Kaiserin Elisabeth in der Wohnung Ida von Ferenczys alle ihre handschriftlichen Unterlagen. Die Kopien der Nichte und deren Cousine wurden gebündelt und verpackt, die Hülle des Pakets mit dem Namen Henriette Wallersee, der Mutter der Gräfin Larisch, versehen. Im Nachlaß der am 25. Juli 1940 in Augsburg verstorbenen Gräfin Larisch sollen sich diese Abschriften (die sie aus dem Nachlaß der Mutter erhalten hatte) sowie etliche Korrekturen von Gedichten der Kaiserin und sogar ein Manuskript über den Kronprinzen Rudolf befunden haben. Alle Unterlagen waren später von der deutschen Gestapo beschlagnahmt und in ein Berliner Archiv gebracht worden, wo sie in Gemeinschaft mit anderen geheimen Papieren während des Zweiten Weltkriegs bei einem Brand des Gebäudes vernichtet wurden.

9

» Wird mir die Welt zu bitter,
Die Menschen zu fatal,
So schwing ich mich aufs Flügelroß
Und mache mich von der Erde los ...«

(aus dem poetischen Tagebuch der Kaiserin Elisabeth)

Über die Reisen der Kaiserin

Standen am Anfang der Ehe des kaiserlichen Paares gemeinsame Reisen durch die Länder der Monarchie, so zog es Elisabeth ab den sechziger Jahren des 19. Jahrhunderts vor, alleine zu reisen. Diese Leidenschaft hatte sie entdeckt, als ihr anläßlich einer Bronchitis ein mehrmonatiger Aufenthalt in südlichen Regionen anempfohlen worden war und sie bemerkte, wie gut es ihr tat, weit weg vom Wiener Hof, der hocharistokratischen Gesellschaft und dem Protokoll zu leben. Der Ehemann konnte sich ihr aus Berufsgründen nicht anschließen (außerdem spitzte sich die politische Lage in den sechziger Jahren immer ärger zu: es gab Unruhen in Ungarn und 1866 die unrühmliche Schlacht bei Königgraetz), er versuchte aber in späteren Jahren oftmals, am Ende des Winters zwei bis drei Wochen gemeinsam mit der Gemahlin an der Riviera zu verbringen.

Im Jahr 1856, die Kaiserin hatte bereits zwei Töchtern, Sophie (die ein Jahr später starb) und Gisela, das

Leben geschenkt, unternahm Elisabeth mit Kaiser
Franz Joseph eine zwölf Tage dauernde Reise durch
Kärnten, die aber mit etlichen offiziellen Pflichten verbunden war. Die Kaiserin fügte sich nach zweijähriger
Ehe kritiklos in solche Unternehmen, da sie zu dieser
Zeit die Gesellschaft des kaiserlichen Gemahls noch
sehr schätzte. Mit zunehmendem Bildungsdrang ent-
fernte sich Elisabeth immer stärker von ihrem Ehemann, dessen Aufgaben und Pflichten sie langweilten.
Im Gegenzug hatte er Mühe, ihren Diskussionen über
die literarische Bedeutung Heines oder über die griechische Antike zu folgen, da ihm die Arbeit unter seinen Militärs oder Beamten faßbarer und vor allem not-
wendiger schien.

Erst gegen Ende ihres Lebens geriet die Beziehung
zwischen den beiden unterschiedlichen Menschen wieder harmonischer – aber nicht intensiver – (die Kaiserin befand sich mittlerweile beinahe ausschließlich auf
Reisen), wie aus vielen zärtlichen und dankenden Bemerkungen Kaiser Franz Josephs in den Briefen an die
Gemahlin hervorgeht.

Wie auch immer, 1856 reiste man noch gemeinsam
und trat am 2. September den Weg nach Kärnten an,
der zunächst über Semmering und Mürzzuschlag in
Richtung Steiermark führte. An jeder Station wurde
das Kaiserpaar von Gemeindehonoratioren, jubelnder
Bevölkerung unter Triumphpforten und kaiserhymne-
singender Schuljugend empfangen genommen, bis
man am 3. September Klagenfurt erreichte.

Kaiser Franz Joseph und seine Gemahlin luden zur Hoftafel in der Klagenfurter Burg, die sie während des Aufenthalts bewohnten, und besuchten zwei Festvorstellungen im Theater. Am 5. September reisten sie weiter bis Villach, wo sie im Schloß des Fürsten Alfons von Porcia Quartier nahmen. Einen Tag später reiste das Kaiserpaar in Richtung der Großglocknerregion, wo es den höchsten Berggipfel Österreichs zu besteigen beabsichtigte, der seit dem Jahr 1787 beklettert wurde. Allerdings gelangte der damalige Gipfelstürmer, der Laibacher Botanikprofessor Belsazar Hocquet, nur bis zum Gletscher, der sogenannten Pasterze. Schon bald fand sich in der Person des fünfzigjährigen Bischofs von Klagenfurt, Franz Graf von Salm-Reifferscheid, ein unternehmungsfreudiger Nachahmer, der zunächst auf dem Weg zur Spitze des Kleinglocknergipfels (auf 3387 Meter Höhe) eine Hütte errichtete. Am 25. August 1799 erreichte er nach zwei vergeblichen Versuchen gemeinsam mit seinem Hofphysiker Hohenwart den niedrigeren Gipfel. Während in Heiligenblut die Böller krachten, errichtete er dort ein Eisenkreuz. Am 29. Juli 1800 wagte er in Begleitung eines bergerfahrenen Einheimischen und des Pfarrers Horatsch aus Döllach im Mölltal den Sturm auf die Großglocknerspitze in 3797 Metern Höhe. Während des Aufstiegs wurde die kleine Mannschaft durch Steinschlag und Schneelawinen bedroht, erreichte aber unter Aufbietung der letzten Kräfte den höchsten, bis dahin unbezwungenen Gipfel des Landes.

Ab diesem Zeitpunkt war es geradezu Mode geworden, den Glockner zu besteigen, und im Heiligenbluter »Glocknerbuch« sind bis zum Jahr 1869 fünfunddreißig Gipfelbezwinger verzeichnet, unter denen sich Erzherzog Johann, der Maler Marcus Pernhart (der das Glockner-Panorama auf einer siebzehn Meter langen Leinwand festhielt), eine gewisse Sidonie Schmidl, die als erste Frau (in Hosen) den Gipfel erreichte, und Alfred Graf Pallavicini befinden. Letzterer wurde am 24. Juni 1886 gemeinsam mit seinen Kameraden, einem Legationsrat Crommelin und zwei professionellen Bergführern, beim Betreten einer Schneewächte in die Tiefe gerissen. Alle Teilnehmer an der Expedition starben und liegen am Heiligenbluter Friedhof begraben. Die »Pallavicini-Rinne«, die einem Glocknergraben den Namen gibt, erinnert bis heute an das Bergunglück.

Anläßlich des Besuchs des Kaiserpaares verfaßte der damalige Heiligenbluter Pfarrer einen handgeschriebenen Bericht, in dem er nicht nur die wichtigsten Einzelheiten des Programms festhielt, sondern auch von den Schwierigkeiten und Intrigen erzählte, die in der Vorbereitungsphase vor dem historischen Ereignis anfielen:

»Am Feste der Himmelfahrt Mariens 1856.

Ereignisse
Unter den größtmöglichen Vorbereitungen zu einem würdigen Empfange Allerhöchst Ihrer Majestäten kam

der 28. August, und mit ihm das Reiseprogramm, vermöge welchem die Majestäten am 7. September Morgens 8 1/2 Uhr von Winklern (im Mölltal) ankommen, die Tour in die Pasterze machen, am Rückwege die Kirche besuchen, im Gasthaus dinieren und dann wieder nach Winklern zurückfahren sollten. Der Pfarrer (das ist der Verfasser des Berichts) mit Pfarrhof wird ignorirt. Der Pfarrer von Heiligenblut aber lachte über den tollen Einfall desjenigen, der diesen Plan entwarf: indessen dabei blieb es.

Die Frontseite des Pfarrhofes war im gothischen Style gehalten, recht niedlich verziert, am Triumphbogen bei der Kirche wurde gearbeitet, als am 5. September Abends 6 1/2 Uhr der Amtsdiener von Winklern schweißtriefend die Nachricht bringt: ›Morgen Nachmittag um 3 Uhr kommen die Majestäten nach Heiligenblut und werden bei ihnen übernachten.‹ Nun war die Verlegenheit fertig! Der ignorirte Pfarrhof, deshalb im Innern, um kaiserliche Gäste zu beherbergen, zu wenig hergeputzt, mußte neuerdings gebiegelt und geschniegelt werden, besonders die Vorlaube, die gar erst geweißt werden mußte. Zum Glück waren Italiener hier, die wurden unter großartigen Zahlungsverheißungen gewonnen. Die ganze Nacht wurde gearbeitet. Samstag, den 6. September Vormittag, großes Aufputzen der Kirche und des Triumphbogens vor der Kirche. Gegen Mittag kam Herr Adjutant Rittmeister Graf Koloman Hunyady mit dem Hoffourier und nahm vom Pfarrhofe Besitz. Der Pfarrer wanderte aus. –

105

Um 3 Uhr Nachmittag stellte ich mich (der Pfarrer) zur Begrüßung der Majestäten an die beim Eingange des Dorfes angebrachte Triumphpforte auf, daselbst den Gemeindevorstand, die Schuljugend und das übrige Volk erwartend. Es war schon 3 3/4 Uhr, und ich stand noch allein da, rathlos was anzufangen, damit Leute zusammenkämen. In dieser peinlichen Lage kam mir der gute Gedanke mit allen Glocken zusammenläuten zu lassen. Das wirkte. Es kamen einige Leute, und um 4 1/2 Uhr traffen (sic) Ihre Majestäten, nachdem sie früher den Möllfall besichtigt hatten, bei günstigem Wetter und im erwünschtesten Wohlsein hier ein und begaben sich von mir begleitet in den Pfarrhof. Um 5 Uhr war Diner, zu welchem auch ich eingeladen wurde. Ich hatte die Ehre ganz in der Nähe Ihrer Majestäten zu seyn. Der Kaiser sprach größtentheils mit mir über Localverhältnisse. Nach dem Diner begab ich mich in den Pfarrhof zur Übergebung des Alpenblumen-Albums, welches von Ihrer Majestät der Kaiserin gnädigst angenommen wurde. Hierauf machten Ihre Majestäten ohne Begleitung einen Spaziergang den Tauernweg entlang und kehrten erst bei einbrechender Dunkelheit zurück.

Am 7. September Morgens 4 Uhr las ich eine hl. Segenmesse, nach welcher die Majestäten frühstückten und um 5 Uhr den Weg in die Pasterze antratten (sic): S. Majestät der Kaiser zu Fuß, Ihre Majestät die Kaiserin zu Pferde (über die sogenannte ›Böse Platte‹ wurde Kaiserin Elisabeth auf einem Tragsessel befördert und nahm den weiteren Weg wieder zu Pferde. Sie war damals neunzehn Jahre alt und offensichtlich noch nicht so gebirgstüchtig wie in späteren Jahren, wo sie denselben Weg im Laufschritt genommen hätte. Vielleicht war sie noch von der im Juni stattgefundenen zweiten Entbindung zu geschwächt, oder sie schonte sich auf ärztliches Anraten). Der Kaiser bestieg den Hohen Sattel (in Höhe von 2536 Metern), nun Franz Josefs-Höhe genannt, die Kaiserin blieb am Laretterboden (auf 2127 Metern Höhe) zurück, welcher den Namen: Elisabethruhe erhielt (heute befindet sich an dieser Stelle das Glocknerhaus).

Die Majestäten kamen mit Ihrer Begleitung um 12 3/4 Uhr in Heiligenblut wieder an, nahmen Erfrischungen und gingen zur Besichtigung in die Kirche (das Kaiserpaar überreichte dort dem Pfarrer ein aus Wien mitgeführtes kostbares Meßkleid zum Geschenk), wo ich am Portale Höchstdenselben das Aspergil (Weihwedel) reichte.

Nachdem ich in der Kirche Alles gezeigt und erklärt hatte, küßte zuerst die Kaiserin, dann der Kaiser das hl. Blut (die Kirche von Heiligenblut verdankt ihren Namen einem historischen Ereignis. Der später heilig gesprochene Briccius, ein Fürst aus Dänemark, war als Feldherr gegen die Sarazenen gezogen und hatte in Konstantinopel ein Fläschchen mit einigen Tropfen heiligen Bluts erobert, das er von dort in seine Heimat bringen wollte. Auf dem Heimmarsch sank er am Fuß des Großglockners todesmatt zusammen und starb. Über seinem Grab wurde eine Kirche errichtet, die

man im Jahr 1433 vergrößerte. Links des Hochaltars
befindet sich bis heute in einer Monstranz das von ihm
mitgeführte Fläschchen mit den eingetrockneten Tropfen des heiligen Bluts) mit größter Ehrerbietung, dank-
ten mir in den huldreichsten Ausdrücken für die gast-
freundliche Aufnahme im Pfarrhofe und tratten (sic)
unter den Segenswünschen und Vivatrufen der zahlreich Versammelten Ihre Rückreise an.

Heiligenblut am 10. September 1856.

Franz Kornke e.h.

Pfarrer«

Trotz der anfänglichen Verunsicherung der Heiligenbluter Bevölkerung dem hohen Besuch gegenüber
krachten beim Einzug des Kaiserpaares die Böller und
läuteten die Glocken zur Begrüßung. Als Kaiser Franz
Joseph und Elisabeth am Abend des ersten Tages entlang des Heiligenbluter Tauernweges spazierten, begleiteten sie Freudenfeuer, die auf den umliegenden
Bergen entfacht wurden. In der darauffolgenden
Nacht stiegen fünf Männer aus Heiligenblut auf den
Großglockner und hißten dort zur Ehre des hohen Besuchs die schwarz-gelbe Kaiserfahne. Als das Kaiserpaar einen Tag später vom Ausflug auf die Pasterze
zurückkehrte, trugen sich Kaiser Franz Joseph und seine Gemahlin ins Glocknerbuch ein und begaben sich
nach Winklern, wo sie Quartier bezogen und um vier
Uhr nachmittags zu einer Hoftafel luden. Man über-

reichte Geldgeschenke im Wert von 12 000 Gulden
(rund 1,4 Millionen Schilling) an vorstellig gewordene,
notleidende Bauern, da Überschwemmungen kurz zuvor große Teile der Ernte vernichtet hatten.

Am darauffolgenden Tag wurde die Rückfahrt angetreten, am 14. September traf der Hofzug wieder in
Wien ein. Am 17. November desselben Jahres begaben
sich Kaiser Franz Joseph und Kaiserin Elisabeth abermals auf Reisen, das Ziel war diesmal Italien. Über Lai-
bach und Triest gelangte man nach Venedig, wo das
Kaiserpaar im Palazzo Reale, dem italienischen Kö-
nigspalast, wohnte, und der Aufenthalt erstreckte sich
bis in das nächste Jahr.

Sicherlich bedeutete der Italienaufenthalt einen ar-
gen Einschnitt im bis dahin friedlich verlaufenden Leben der Kaiserin, da sie dort zum ersten Mal mit ge-
ballter, gegen das österreichische Kaiserhaus gerichte-
ter Antipathie konfrontiert wurde. Italien stand damals
unter österreichischer Militärregierung, und die Bevölkerung wünschte nichts sehnlicher, als von ihr befreit
und nach den demokratischen Ideen Cavours und
Garibaldis autonom regiert zu werden.

So bereitete man dem Kaiserpaar einen äußerst
zurückhaltenden Empfang, wenn sich auch manche re-
gionalen Politiker bemühten, den Eindruck zu verwi-
schen oder zumindest zu mildern: »Auch der begei-
sterte Jubel der auf dem Markusplatz aufgestellten
österreichischen Truppen konnte Franz Joseph und
Elisabeth nicht für diesen kühlen Empfang entschädi-

109

gen. Der podestà (Bürgermeister) hatte sein Bestes getan, um die Illusion einer glanzvollen Begrüßung zu schaffen. In San Marco wurde ein Dankgottesdienst abgehalten, Militärkapellen spielten auf jedem Campo, nachts wurden die Gebäude am Canale Grande illuminiert, und auf der Lagune wurde ein Feuerwerk veranstaltet. Als aber das Kaiserpaar einer Galaaufführung im Teatro La Fenice beiwohnte, mußte es sich die Beleidigung gefallen lassen, daß das Theater halb leer war. Der überwiegende Teil des venezianischen Adels (der dem Freiheitsgedanken näherstand als der k.k. Monarchie) ... blieb der Vorstellung fern, und das Publikum im Parterre bestand vorwiegend aus österreichischen Offizieren und Vertretern der lokalen Behörden.« (Haslip, S. 113)

Zumeist wurde das Kaiserpaar mit eisigem Schweigen »willkommen geheißen«. Der einzige Grund, warum sich manche Italiener doch hinreißen ließen, irgendwo in Mengen zu erscheinen, galt dem Interesse am Aussehen der jungen Kaiserin: »Das Volk verhielt sich völlig ungerührt, und das einzige Empfinden, das deutlich wurde, war die Neugierde auf die Kaiserin ...« (aus einem Brief des britischen Konsuls G. Harris an den Earl of Clarendon vom 26. November 1856)

Vier Jahre später trat die Kaiserin, die an einem hartnäckigen, nervösen Husten litt, zum ersten Mal allein einen ausgedehnten Krankenurlaub an. Sie reiste am 17. November 1860 über Antwerpen nach Funchal auf

der Insel Madeira, an jenen Ort, an dem Jahre später
ihr Großneffe Kaiser Karl einer Lungenentzündung er-
liegen sollte. In der Villa Quinta Vigia hielt sich Kaiserin Elisabeth bis Anfang Mai des darauffolgenden Jahres auf. Graf Imre Hunyady, der als von ausnehmender
Schönheit beschrieben wird, hatte sie als ihr zugeteil-
ter Ehrenkavalier begleitet. Jahre später widmete ihm
die Kaiserin zwei Strophen des Gedichtes »Das Kabinet«, in dem alle Verehrer in der bewährten Manier als
Eselskreaturen erscheinen:

> *»Der erste* (Verehrer, Hunyady,)
> *war ein hübsches Tier,*
> *Nur Ohren über Mass;*
> *Doch über seine Schönheit schier*
> *Vergass ich ganz auf das.*
> *Ich hielt ihn mir im Tropenland,*
> *Bekränzt ihn mit Granat;*
> *Bananen frass er aus der Hand;*
> *Doch wurd' ich ihn bald satt.«*

Nach der Madeirareise quittierte Hunyady – aus welchen Gründen auch immer – den Dienst am österreichischen Hof. In der Korrespondenz zwischen Kaiser Franz Joseph und seiner Gemahlin taucht er im
Jahr 1866 ein einziges Mal auf (Briefe aus den Jahren
1860/61 sind nicht erhalten): »Du kannst Gräfin Lili
(Hunyady, die Schwester Imres, eine Hofdame der Kaiserin, Sternkreuzordensdame, 1836–1907) sagen, daß

ihr Bruder (Graf Imre Hunyady, Oberstleutnant, 1827–1902) das Verdienst Kreuz bekommen hat. Gestern war um 7 Uhr Früh richtig der Alte (Franz Deák) bei mir, und wir sprachen eine Stunde sehr eingehend und offen über alle denkbaren Eventualitäten. Viel klarer wie A. (Gyula Andrássy) und viel mehr der übrigen Monarchie Rechnung tragend. Ich habe aber durch ihn denselben Eindruck erhalten, wie durch A. Sie begehren alles im weitesten Sinne, bieten keine sicheren Garantien des Gelingens, sondern nur Hoffnungen und Wahrscheinlichkeiten und versprechen kein Ausharren im Falle sie ihre Absichten im Lande nicht durchsetzen können ...« (20. Juli 1866)

Auf der Rückkehr von Madeira besuchte Kaiserin Elisabeth Sevilla, Gibraltar, Mallorca und gelangte sogar bis Korfu, wo sie in der Villa des britischen Lord-Oberkommissärs einen mehrtägigen Aufenthalt nahm. Ende Mai kehrte sie nach Schloß Laxenburg zurück, nach einem halben Jahr der Abwesenheit sah sie ihre Kinder wieder (Erzherzogin Gisela war damals vier Jahre, Kronprinz Rudolf eineinhalb Jahre alt). Schon nach einem Monat Wienaufenthalts reiste Kaiserin Elisabeth abermals nach Korfu, um die Villa Braila bei Gasturi (zwischen Korfu und dem Fischerdorf Benizza gelegen) zu mieten. Das rosa gestrichene, mit Kolonnaden geschmückte Haus, das von einem Venezianer erbaut worden war, verfügte zwar nur über einige kleine Zimmer – es war als Wohnsitz aber auch nur als Zwischenlösung gedacht.

Die Kaiserin plante, an der Stelle der Villa später ein schloßartiges Gebäude zu errichten. Tatsächlich ließ sie dort Jahre später das Achilleion erbauen, mit dessen Verwirklichung sie den neapolitanischen Architekten Raffaele Carito beauftragte. Gewidmet war das Schloß Achilles, dem Lieblingshelden der Kaiserin aus der griechischen Mythologie, dessen von Herter geschaffene Statue im Park des Areals einen Ehrenplatz erhielt (zuvor war er im Treppenhaus der Villa Hermes gestanden, von wo er 1890 nach Korfu übersiedelt wurde): »Zwei ... Gartenterrassen fallen vom Peristyl (Säulenhof) ab gegen Norden zu und auf das Meer. Am äußersten Ende der letzten Terrasse leuchtet ein weißer Punkt: – ›Es ist der ›sterbende Achilles‹‹, sagte die Kaiserin, ›dem ich meinen Palast geweiht habe, weil er für mich die griechische Seele personifiziert und die Schönheit der Landschaft und der Menschen. Ich liebe ihn auch, weil er so schnellfüßig war. Er war stark und trotzig und hat alle Könige und Traditionen verachtet und die Menschenmassen für nichtig gehalten, gut genug, um wie Halme vom Tode abgemäht zu werden. Er hat nur seinen eigenen Willen heilig gehalten und nur seinen Träumen gelebt, und seine Trauer war ihm wertvoller als das ganze Leben.« (Christomanos, S. 107)

Das Schloß von Korfu erhielt eine phantasievolle, aufwendige Ausstattung, die zum Großteil nach den Ideen der Kaiserin gestaltet wurde. »In marmornen Badezimmern spendeten vergoldete Wasserhähne warmes Meerwasser, das ihr (der Kaiserin), wie sie glaubte, so gut bekam; auf klassizistischen Liegen, die mit Leoparden- oder Ziegenfellen bedeckt waren, ließ sie sich von ihrer ungarischen Masseuse mit Öl einreiben ... Porzellan, Silberzeug und Glas wurden Stück für Stück eigens entworfen ... Auf allem, auch auf der gesamten Bett- und Tischwäsche und dem Schreibpapier, prangte ein mit der österreichischen Krone überhöhter Delphin, das der Thetis, der Mutter des Achilles, heilige Tier. Am meisten jedoch beeindruckte die Bewohner von Korfu, daß die Villa elektrisch beleuchtet war; der Strom wurde von einem eigenen Kraftwerk erzeugt ... In den Augen der einfachen Bauern von Korfu machten (die leuchtenden Schalen voll von Glasfrüchten und die elektrische Fackeln tragenden Bronzenymphen) den Palast zu einem Zauberschloß.« (Haslip, S. 455)

In der Bucht von Gasturi wurde zur Unterbringung der kaiserlichen Jacht Miramare ein Hafendamm aus Marmor erbaut, und der prachtvolle Blumengarten, der von dem Wiener Hofgartendirektor Anton Umlauf gestaltet wurde, erregte wegen seiner unzähligen hochstämmigen Rosensorten, die aus den gräflich Thun-Hohenstein'schen Gärten in Tetschen an der Elbe stammten, allgemeine Bewunderung.

Die Bauten und Umgestaltungen in Korfu zogen sich über Jahre. Als alles fertiggestellt war, hatte die Kaiserin plötzlich keinen Spaß mehr an dem Projekt und gab es zum Verkauf frei.

In einem Brief an Elisabeth versuchte Kaiser Franz Joseph, die Gemahlin umzustimmen und von den Verkaufsideen abzubringen: »Wenn ich auch schon seit einiger Zeit merkte, daß Dich Dein Haus in Gasturi nicht mehr freut, seit es fertig ist, so war ich doch durch Deinen Entschluß, es jetzt schon zu verkaufen, etwas erstaunt und ich glaube, daß Du Dir die Sache doch noch überlegen solltest. Valérie (an die die Verkaufssumme auszubezahlen gewesen wäre) und ihre wahrscheinlich zahlreichen Kinder werden auch ohne den Erlös für Dein Haus nicht verhungern, und es wird sich doch ganz sonderbar machen und zu keinen angenehmen Bemerkungen Anlaß geben, wenn Du gleich, nachdem Du die Villa mit so vieler Mühe, mit so vieler Sorgfalt und mit so vielen Kosten gebaut, so Vieles hintransportirt hast, nachdem noch in aller letzter Zeit ein Terrain dazu gekauft wurde, plötzlich den ganzen Besitz losschlagen willst. Vergesse nicht, welche Bereitwilligkeit die griechische Regierung bewiesen hat, um Dir zu dienen, wie von allen Seiten Alles mitwirkte, um Dir angenehm zu sein und Dir Freude zu machen, und nun war Alles umsonst ... Auch kann ich mir nicht vorstellen, daß er (der amerikanische Botschafter in Griechenland) der Mann ist, um einen Käufer herbei zu schaffen. Ich kann mir überhaupt nicht denken, daß sich so leicht ein solcher finden wird, der einen Preis zahlt, wie Du ihn erwartest und er den, für das Etablissement aufgewendeten Summen entsprechen würde. Auch soll das Gebäude schon Reparatur bedürftig sein, was die Sache noch erschwert. Die Angelegenheit müsste jedenfalls mit großer Vorsicht und vielem Takte eingeleitet werden, um sie halbwegs anständig erscheinen zu machen und doch wird sie viel Staub aufwirbeln. Darum kann ich Dich nur bitten, die Sache noch einmal reiflich zu überlegen. Für mich hat die Absicht auch eine traurige Seite. Ich hatte die stille Hoffnung, daß Du, nachdem Du in Gasturi mit so vieler Freude, mit so vielem Eifer gebaut hast, wenigstens den größten Theil der Zeit, welche Du leider im Süden zubringst, ruhig in Deiner neuen Schöpfung bleiben würdest. Nun soll auch das wegfallen und Du wirst nur mehr reisen und in der Welt herum irren.« (Wien, 6. April 1893)

Die Villa auf Korfu wurde zu Lebzeiten der Kaiserin tatsächlich nicht verkauft, doch der Wunsch des Kaisers, daß seine Gemahlin dort einen Ort der Rast und des Verweilens gefunden hätte, erfüllte sich nicht. Elisabeth verbrachte zwar jedes Jahr eine gewisse Zeit in Griechenland, ihr ruheloser Geist trieb sie aber weiter über die Meere und durch die verschiedensten Länder, die sie in langen Fußmärschen durchforschte.

Den Oktober 1861 verbrachte Kaiserin Elisabeth im Hotel de l'Europe in Venedig. Im Mai des darauffolgenden Jahres nahm sie abermals dort Quartier, ging anschließend nach Reichenau und Anfang Juni nach Bad Kissingen zur Kur. Im Juni des Jahres 1863 bezog die Kaiserin für einen mehrwöchigen Aufenthalt das Kurhaus von Bad Kissingen und wiederholte die Kur in den Sommermonaten der Jahre 1864 und 1865. Ab 1866 begannen zahlreiche Reiseunternehmungen nach Ungarn, die den Beginn ihrer Leidenschaft für dieses Land markieren. Im Mai des darauffolgenden Jahres wohnte sie als Gast auf Schloß Tokay bei Gyula Graf Andrássy, dessen Gemahlin während dieser Zeit nicht anwesend war, was später zu zahlreichen Verwirrungen und Gerüchten Anlaß gab. Zwei Strophen des Gedichts »Das Kabinet« (aus dem poetischen Tagebuch der Kaiserin) beziehen sich wahrscheinlich auf die Freundschaft mit ihm, der warme Ton läßt auf eine innige Beziehung rückschließen:

>*Der zweite (Verehrer), ach! wie war der lieb!*
Der hat mir treu gedient;
Wenn so etwas auf Erden blieb,
Der hätt' Bestand verdient!
Oft streichle ich die alte Haut (Eselshaut),
Gedenkend jener Zeit,
Die wir so innig und vertraut
Verkoseten zu Zweit.«

Im Zusammenhang mit dem Aufenthalt auf Andrássys Schloß wird oftmals von einer Liebschaft Elisabeths mit dem Grafen gesprochen, dem man gerne die Vaterschaft des am 22. April 1868 geborenen letzten »ungarischen« Kindes (ungarisch, weil es als einziges in Gödöllö geboren wurde) Marie Valerie, anlastet.

Schloß Gödöllö zählte zu den Lieblingsaufenthalts-
orten der Kaiserin, da es in dem Land lag, in dem sie
ihre Freunde wußte und dessen Bewohner sie als ihre
Regentin feierten. Das Anwesen befindet sich in der
Nähe von Budapest, liegt etwa achtzehn Kilometer im
Süden der Stadt inmitten einer bewaldeten Gegend
und gehörte ursprünglich dem ungarischen Magnaten-
Geschlecht der Grassalkovitsch, das zu Beginn des 19.
Jahrhunderts in der männlichen Linie erlosch. Der
letzte Besitzer Gödöllös war der Wiener Bankier Baron
Sina, von dem der ungarische Staat die Herrschaft
1867 erwarb und sie dem Kaiserpaar anläßlich der im
selben Jahr stattfindenden Krönungsfeierlichkeiten
zum Geschenk machte (die Domäne umfaßte 32 000
Joch, von denen drei Fünftel Waldbestand waren).

Kaiserin Elisabeth hatte Schloß Gödöllö von einem
Ungarnaufenthalt gekannt und scheint sich schon bald
für den Kauf des Anwesens interessiert zu haben. Im
Sommer des Jahres 1866 taucht es in der Korrespondenz zwischen dem Kaiserpaar auf, wobei Kaiser Franz
Joseph in einem Brief vom 8. August 1866 der Gemahlin eine etwaig anfallende Kauflust auszureden ver-
sucht: »Wenn Du willst, kannst Du nach Gödöllö ...
fahren. Schaue es Dir aber nicht so an, als wenn wir es
kaufen wollten, denn ich habe jetzt kein Geld, und wir
müssen in diesen harten Zeiten (im Jahr der Schlacht
bei Königgrätz) ungeheuer sparen.«

Im Sommer 1751 hatte Kaiserin Maria Theresia, die
Urahnin Kaiser Franz Josephs, als Gast des Erbauers

und damaligen Besitzers Anton Grassalkovitsch in Schloß Gödöllö gewohnt. Ein mit roten Marmorwänden bestückter Saal, in dem sie für die Nacht untergebracht war, wurde später das Schlafzimmer der Kaiserin Elisabeth.

Vom 15. bis 23. August 1867 trafen in Salzburg die beiden (österreichischen und französischen) Kaiserpaare zusammen. Während dieses Aufenthaltes fand die berühmte zur Konkurrenz gestaltete Wadenvermessung statt. Einen Tag vor der Abreise des französischen Kaisers und seiner Gemahlin, wurde in Schloß Hellbrunn ein festliches Déjeuner (Frühstücksempfang) gegeben. Als während des Essens plötzlich die Konversation ins Stocken geriet, suchte die in Verlegenheit geratene Kaiserin Elisabeth die Sprechpause mit Essen zu überbrücken und griff nach ihrem Besteck. Aber es war gemeinsam mit einem vollen Champagnerglas auf mysteriöse Weise vom Tisch verschwunden.
Mit der Suche nach den verschwundenen Gegenständen geriet die Gesellschaft in fröhliche Bewegung, an der sich der französische Kaiser als einziger nicht beteiligte. Vielmehr begann er aus vollem Herzen zu lachen, wodurch es nahe lag, ihn als Urheber des »Übels« zu vermuten. Er bestätigte das auch bald und gestand, sich einige Kunststücke der Taschenspieler angeeignet zu haben, die er immer dann einsetzte, wenn eine Unterhaltung langweilig zu werden drohte oder gar abbrach.

Zwischen ausgedehnten Reisen in den Süden und zahlreichen Kuren besuchte Kaiserin Elisabeth regelmäßig ihre Eltern und Geschwister in Possenhofen oder in München. Allerdings nahm sie niemals bei den Verwandten Quartier, sondern zog es vor, im Hotel zu wohnen. In Feldafing bei Possenhofen wohnte sie im Hotel Strauch, das seit 1915 den Namen »Kaiserin Elisabeth« trägt.

In das Jahr 1867 fällt eine sonderbare Verkupplungsidee der Kaiserin, die sich wahrscheinlich auf ihren Vertrauten Prinz Rudolf Liechtenstein und eine ihrer Schwestern bezieht (vermutlich steht die Angelegenheit in Zusammenhang mit der unglücklichen Verlobung der Prinzessin Sophie mit dem zu diesem Zeitpunkt schon kranken König Ludwig II. von Bayern). Kaiser Franz Joseph war zu einem Besuch bei seinen Schwiegereltern erwartet und schrieb kurz vor Abreise von einem öffentlichen Aufenthalt in Paris an seine Frau: »Ob ich Rudi (Liechtenstein?) nach Possi (Schloß Possenhofen in der Familiensprache) nehmen soll, will ich mir noch überlegen, denn ich glaube nicht, daß er anbeissen würde und dann kann ich überhaupt diese Verbindung für Sophie weder, noch für uns sehr wünschenswert finden.« (Brief aus dem Elyséepalast vom 26. Oktober 1867)

Wie auch immer der darauffolgende Aufenthalt des Kaisers mit oder ohne Prinz Rudolf Liechtenstein ausgeschaut haben mag, Herzog Max in Bayern beendete – in ebendem Oktober – die schmachvolle Verlobungsgeschichte, indem er die Tochter offiziell entlobte. Prinzessin Sophie verliebte sich schon wenig später in den Herzog von Alençon, einem Mitglied der ehemals regierenden französischen Königsfamilie aus dem Haus Orléans, und heiratete ihn im darauffolgenden Jahr. Als sich Kaiserin Elisabeth im Oktober 1870 gemeinsam mit ihren Kindern nach Meran begab, wo sie die Villa Trauttmansdorff in Obermais bei Meran mietete, schienen die Ereignisse des Jahres 1868 längst vergessen: denn in ihrer Gesellschaft befanden sich nicht nur ihre Schwester, die Königin von Neapel, sondern auch das mittlerweile zwei Jahre glücklich verheiratete Ehepaar Alençon.

Im Juli 1874 reiste Kaiserin Elisabeth zum ersten Mal nach England. Sie nahm den Weg über Straßburg und Le Havre auf die Insel Wight und wohnte in Schloß Steephill Castle in Ventnor. Von dort aus besuchte sie als offizielle Vertreterin der kaiserlichen Familie die englische Königin Viktoria im nahe gelegenen Schloß Osborne, der Sommerresidez des englischen Königshauses.

Privat hatte sie der Königin zu danken, die ihr Jahre zuvor die königlich-britische Jacht »Victoria and Albert«, das größte und luxuriöseste Schiff des englischen Königshauses, für ihre erste Reise nach Madeira zur Verfügung gestellt hatte. Damals war keine der kaiserlichen Jachten für eine Überquerung des Atlantiks im Winter gerüstet gewesen, weshalb Elisabeth das Angebot aus England gerne annahm, da sie sich weigerte, die Reise auf unbestimmte Zeit aufzuschieben. Weitere private Einladungen der Königin, die im Sommer 1874 einmal sogar persönlich bei der österreichischen Kaiserin erschien, schlug Elisabeth aus, was eine echte Verstimmung Viktorias zur Folge hatte.

Als die Kaiserin im Jahr 1887 noch einmal nach England reiste, sollte sie im Auftrag Kaiser Franz Josephs Königin Viktoria in Osborne abermals einen Besuch abstatten, was sie in einem ihrer Gedichte beklagte: »*Wie anders ist mein Nahen heute* (als im Jahr 1860, als sie die königliche Jacht holte, um nach Madeira zu reisen), *Wie geht's mir gegen die Natur! Fürwahr mir macht es wenig Freude; Um Ob'rons* (Kaiser Franz Joseph) *willen thu ich's nur. Der Herrsch'rin dieses Inselreiches ... soll heut gelten mein Besuch, als hätten wir an Langweil gleiches nicht schon an unserm Hof genug ...*« (»Aus der Hofchronika der Königin Titania/Elisabeth«, poetisches Tagebuch)

Den späten August des Jahres 1874 verbrachte Kaiserin Elisabeth in London und nahm im Claridge Hotel Quartier, von wo aus sie Madame Tussauds Wachsfigurenkabinett (»Ungeheuer amüsant, aber doch teilweise sehr grauslich!«, Brief Elisabeths an Kaiser Franz Joseph, 22. August 1874) und das Irrenhaus in Bedlam besuchte, um sich über die Behandlungsmethoden der Kranken zu informieren. Ende September traf sie wieder in Ventnor ein und nahm an zahlreichen Jagdveranstaltungen teil. Der Oktober desselben Jahres führte Kaiserin Elisabeth nach Pardubitz in

Böhmen, das Ende des Jahres zu Reitjagden nach Gödöllö.

Nach einem längeren Aufenthalt in Wien und Bad Ischl verbrachte die Kaiserin den Sommer 1875 in Schloß Sassetôt in Frankreich. Als am 28. Jänner 1876 in Budapest der ungarische Politiker Franz Deák verstarb, nahm die Kaiserin seinen Tod zum Anlaß, nach Ungarn zu reisen. Deák war als Vertrauensmann Gyula Andrássys maßgeblich am Ausgleich zwischen dem Kaiser und den nationale Selbständigkeit fordernden Ungarn beteiligt gewesen, woran die ansonsten politisch uninteressierte Kaiserin großen Anteil nahm. Aufgrund ihrer Freundschaft mit Graf Andrássy lag ihr die Lösung der seit Jahren schwelenden ungarischen Frage am Herzen, und es ist ihrem unablässigen Drängen zu verdanken, daß der Kaiser sowohl mit Andrássy als auch mit Deák zu Gesprächen zusammentraf, die tatsächlich den Ausgleich mit Ungarn zur Folge hatten.

März 1876 reiste Kaiserin Elisabeth zu Reitjagden nach England und wohnte im Herrensitz von Easton Neston Towcester, von wo sie Lord Spencer in Northamtonshire einen Besuch abstattete. Einen vom Ehemann abermals empfohlenen Freundschaftsbesuch bei der englischen Königin ließ diesmal Viktoria absagen, die – sicherlich aus Rache – wichtige Geschäfte vorschützte, um die österreichische Kaiserin nicht empfangen zu müssen.

Im Juli 1877 hielt sich die Kaiserin zu Reitjagden in Combemere auf, wohin sie ihre Nichte, Gräfin Marie

Larisch-Wallersee, begleitete. Fürst Eduard von Wales, der spätere König Eduard VII., der zu den zahlreichen Bewunderern der Kaiserin zählte, ließ sich von Elisabeth zu einem abendlichen Tee bitten. Sie empfing ihn in einem Spitzennegligé, was der Fürst als eindeutige Einladung auffaßte. Als er dicht neben der Kaiserin Platz nahm, rief sie rasch ihre Nichte, die für diesen Abend besondere Anweisungen erhalten hatte. »Während der Prinz (richtig wäre Fürst) im oberen Salon der Kaiserin seine Aufwartung machte, (wartete) ich in der unteren Halle, die gleichzeitig Bibliothek war und durch eine Zimmertreppe mit dem Salon in Verbindung stand ... bis ich gerufen würde. Ich suchte mir ein Buch und vertrieb mir die Zeit mit Lesen. Dennoch hörte ich, wenn auch undeutlich, die Stimmen von oben und mitunter das typische kleine Lachen der Kaiserin. Plötzlich rief sie meinen Namen, ich warf das Buch zur Seite und eilte die Treppe hinauf. Oben an der Balustrade stand meine Tante, hielt sich das Taschentuch vor den Mund, an ihren Augen sah ich, daß sie mit dem Lachen kämpfte. An mir vorbei jedoch kam der Prinz, ziemlich eilig, wie es mir schien, und hatte für meine Verneigung nur ein kurzes Kopfnicken.« (Wallersee II, S. 58)

Die Auflösung zu dieser Szene findet sich in dem Gedicht »There's somebody coming upstairs!« (Da kommt jemand – nämlich die Nichte Marie – die Treppe herauf), das dem poetischen Tagebuch entstammt und zehn Jahre später auf die Episode Bezug nimmt:

»›May I come to tea to-day?‹
(›Darf ich heute zum Tee kommen?‹)
Sprach der Prinz zur schönen Lady (Elisabeth),
›Himmlisch ist's in Ihrer Näh'!‹
›If your Highness will be steady.‹
(›Wenn Ihre Hoheit treu/fest/sicher sind.‹)
Und die Schöne knickst dabei ...
Sanft und milde fällt (das) Licht (einer Ampel)
Auf die breite Ottomane,
Wo mit rosigem Gesicht
Ruht des Hauses schöne Dame.
In dem Spitzen-Negligée
Ist sie reizend anzuschauen,
Während lässig jetzt den Thee
Ihre weissen Finger brauen.
Im Fauteuil, dicht neben ihr,
Sitzt der Prinz; mit seinen Blicken
Zu verzehren scheint er schier
Sie, die schön bis zum Entzücken.
Immer näher rückt er hin,
Endlich hält er sie umschlossen.
Sollen wir den Vorhang zieh'n,
Über gar zu dreiste Posen? ...
Doch ein Held zu jeder Zeit,
Gibt er sich nicht selbst verloren,
Gleich dem Fechter feinte-bereit (zur Finte
bereit),
Spitzt er plötzlich seine Ohren:
›There's somebody coming upstairs!‹

(›Da kommt jemand die Treppe herauf!‹)
... Um der Lady Rosenmund
Züngeln schon des Lächelns Schlangen:
›Highness, trotz der späten Stund'
Deucht es mir auch jetzt mit Bangen,
There's somebody coming upstairs!‹«

Im Dezember 1877/Januar 1878 bereiste Kaiserin Elisabeth gemeinsam mit Kronprinz Rudolf England, um an Reitjagden teilzunehmen. Man hatte sich in Cottesbrook in Northamptonshire in einem gemieteten Jagdhaus in der Nähe des Besitzes von Lord Spencer einquartiert, dessen Bekanntschaft Elisabeth sogar ihrem Ehemann anempfahl: »Ich sage immer Lord Spencer, wie Du es genießen würdest (bei den Reitjagden dabei zu sein). Ich habe ihn sehr gerne, er ist so angenehm und natürlich. Ich glaube, wenn er uns einmal besucht, Du wirst ihn auch gern haben.« (Brief Elisabeths an Kaiser Franz Joseph aus Cottesbrook vom 6. Januar 1878)

Die Jagd und das schnittige Reiten gehörten zu den wenigen Leidenschaften, die das Kaiserpaar teilte. Allerdings neigte Elisabeth zu waghalsigen Unternehmungen – denen sie auch einige kapitale Stürze verdankte –, und es zählt zu den sonderbaren Eigenschaften dieser Frau, daß ausgerechnet sie ihren – stets überlegt handelnden – Ehemann der Unvorsichtigkeit bezichtigte: »Wärst du nur hier, ich sage es auf jeder Jagd, und wie Du populär wärst dank Deinem Reiten und Deinem Verständnis für die Jagd. Aber gefährlich wäre es, denn du ließest Dich nicht von Captain Middleton hofmeistern und würdest über alles hinüberspritzen, wo nachgeschaut wird, ob es auch nicht zu tief oder zu breit ist.« (dieselbe in einem Brief vom 25. Januar 1878)

Februar/März 1879 zog es die Kaiserin abermals auf das britische Inselreich, um an den wesentlich gefährlicheren irischen Reitjagden teilzunehmen: »Es sind so hohe Drops, so tiefe Gräben, Doubles auch, und die Irish banks und Mauern und Gott weiß was alles zum Hand- und Fuß- und Halsbrechen. Ich höre nie so viel von gebrochenen Gliedern wie hier, und alle Tage sehe ich jemanden ›tragen‹. Bayzand ist recht böse gestürzt, Middleton hat sich überschlagen und auch Lord Langford, so geht das fort. Die Kaiserin hat herrliche Pferde, Domino ist das großartigste, ein prächtiger Rappe, der zu Lord Spencers Schrecken am ersten Tag mit der Herrin vom Fleck weg durchging ... mir stehen oft die Haare zu Berge.« (aus dem Tagebuch der Gräfin Festetics, Eintragung vom 27. Februar 1879)

Die Feierlichkeiten zur eigenen silbernen Hochzeit zwangen die Kaiserin, die Reise zu unterbrechen und sich im April zu ihrem Gemahl nach Wien zu begeben, wo man im Kreis der Familie die Glückwünsche entgegennahm. Die Irlandaufenthalte wurden in den drei folgenden Jahren jeweils im Februar/März wiederholt, wofür die Kaiserin immer das Schloß des Lord Combemere in Cheshire mietete. 1881 und 1882 begab sie sich von dort aus nach Paris, das sie besonders liebte, weil sie dort unerkannt das Leben einer Bürgerin führen und für Ausfahrten den städtischen Omnibus benutzen konnte.

Von April bis Mai 1883 suchte die Kaiserin Baden-Baden und die alte Universitätsstadt Heidelberg auf. Gegen zunehmende rheumatische Beschwerden unternahm sie im März 1884 eine Reise nach Wiesbaden, um sich in die Obhut des Arztes und Heilmasseurs Metzger zu begeben. Als sich Dr. Metzger, von dessen Massagekuren sich Kaiserin Elisabeth abhängig gemacht hatte, nur noch in Amsterdam aufhielt, verlegte die Kaiserin ihre Aufenthalte ebenfalls dorthin.

Kaiser Franz Joseph teilte die Begeisterung für den Arzt nicht und bezichtigte ihn wie viele andere Verwandte, Elisabeth als Aushängeschild für seine Praxis zu benutzen: »Wenn Dich nur nicht Metzger zu sehr maltraitirt und ganz wieder in seine undelikate und gewinnsüchtige Gewalt bekommt und mit Dir reclame macht!« (aus einem Brief aus Wien vom 17. Dezember 1897) Außerdem scheint sich die Kaiserin über die rohen Behandlungsmethoden beklagt zu haben, worauf sich ein ein paar Tage später datierter Brief Kaiser Franz Josephs bezieht: »So viel brachte ich aber doch heraus (aus einem unleserlich geschriebenen Brief), daß Metzger, wie zu erwarten war, sich wieder recht grauslich benahm.« (Wien, 23. Dezember 1897)

Es scheint aber ein Zug von Elisabeths Wesen gewesen zu sein, grobe Behandlungsmethoden – eher als die

Sanftmut und Nachsicht ihres Gemahls zum Beispiel –
ohne großen Widerstand hinzunehmen. »(Die) Landgräfin Fürstenberg (eine Hofdame der Kaiserin), die
sie auf (einer der) … Reise(n) begleitete, war höchst erstaunt zu sehen, wie ihre Herrin sich von dem unge-
schlachten Arzt beeindrucken ließ, getreulich seine
Ratschläge befolgte, regelmäßig ihre Mahlzeiten zu
sich nahm (was noch kein anderer Arzt je erreicht hatte) und sich sogar von ihm ins Gesicht sagen ließ, daß
sie gealtert und runzlig geworden sei und in zwei Jahren eine alte Frau sein würde, wenn sie ihr Leben nicht
anders einrichte.« (Haslip, S. 373 f.)

Wenn die Kaiserin der Behandlung Dr. Metzgers ent-
ronnen war, fiel sie aber sofort in den alten Hunger- und
Reisetrott zurück, und fand wesentliche Änderungen
ihrer Lebensqualität wenig ansprechend. So folgten den
Kuraufenthalten in Wiesbaden und Amsterdam, Reisen
nach Ungarn und im Frühling des Jahres 1885 nach
Deutschland (vor allem nach Heidelberg, eine Stadt,
die die Kaiserin besonders liebte und die sogar im poetischen Tagebuch besungen wird: »*Alt-Heidelberg, Ehr-
bare, Feine, Was bist du so sittsam und zahm*«). In der alten Universitätsstadt wartete ihr der Männergesangs-
verein Konkordia mit einem originellen Empfang auf,
der ein von der Kaisertochter Marie Valerie verfaßtes
Gedicht, »Frühlingslied«, vertonen hatte lassen und
nun in einer Art Uraufführung darbrachte.

Im Oktober 1884 war Kaiserin Elisabeth in Budapest
mit ihrer Seelenverwandten, der dichtenden Königin

Elisabeth von Rumänien, zusammengetroffen, die unter dem Pseudonym Carmen Sylva Märchen und Sagen veröffentlichte.

In ihren Schriften finden sich viele Anspielungen auf die österreichische Kaiserin, die sie außerordentlich verehrte und deren Fluchtideen sie – in hübsche Bilder gebettet – auf ihre Art kommentierte: »Die Menschen wollten einmal eine Fee in den Harnisch des strengen, steifen Hofzeremoniells zwängen: doch die kleine Fee ließ sich nicht zähmen, breitete die Flügel aus und flog davon, wenn diese Welt sie langweilte ... Wer anders denkt als die Menschenherde,« fügte Carmen Sylva – den Lebensstil der österreichischen Kaiserin verteidigend – hinzu, »der setzt sich ihrer Rache aus. Die Mode ist für Frauen ohne eigenen Geschmack geschaffen, die Etikette für Menschen ohne Bildung, die Kirche für jene, die nicht fromm sind, und die Schablone für Wesen, denen Phantasie und Feuer fehlen.«

Christomanos, der Griechischlehrer der österreichischen Kaiserin, entlockte Elisabeth einige Bemerkungen über die rumänische Dichterkollegin, wobei man sich auch hier wundert, daß die unstete Kaiserin die Ruhelosigkeit der Freundin beklagte: »Wir (die Kaiserin und der Griechischlehrer) lesen die Werke Carmen Sylvas. Die Kaiserin hat die gekrönte Dichterin sehr gerne. – ›Ihre Jugendlichkeit ist bewunderungswürdig‹, sagte sie. ›Sie ist noch immer der deutsche Backfisch, trotz ihrer exotischen Königskrone und ihrer weißen Haare. Und auch ihre Gefühlswelt ist dieselbe geblieben, ob-

wohl sie inzwischen unglückliche Mutter geworden ist
(diese Bemerkung aus dem Jahr 1892 bezieht sich auf
deren Tochter Marie, das einzige Kind des rumänischen
Königspaares, das im Jahr 1870 geboren worden war
und im Alter von vier Jahren verstarb). Sie ist noch immer so impulsiv und leicht entflammt und rasch versie-
gend. Darunter leiden auch ihre Werke. Sie hat keine
Geduld, in ihren Gedanken sich aufzuhalten und zu
vertiefen, als ob sie vergehen würde vor Durst nach Er-
lebnissen, hinter welchen sie das Unerreichbare zu erreichen hofft. Deswegen findet sie nie die Ruhe, die das
einzige Ziel ist.‹« (Christomanos, S. 77)

Zur Abrundung des Bildes der rumänischen Königin
sollen zwei Briefe des Kaisers an Katharina Schratt her-
angezogen werden, die – die künstlerische Bedeutung
Carmen Sylvas außer acht lassend – ein wahrscheinlich
treffendes Bild ihres kindlich-fröhlichen Charakters
entwerfen: »(Ich besuchte) die rumänischen Majestäten im Hotel Munsch. Sie kommen von der Schweiz
und von München, wo ihnen Gisela (die ältere Kaisertochter, die mit einem bayrischen Prinzen verheiratet
war) die honneurs machte und mit Carmen Silva eine
ganze Vorstellung von Lohengrin aushalten mußte,
und zwar vom Stimmen der Instrumente angefangen,
da die Königin so früh im Theater sein wollte, um ja
nichts zu versäumen. Beide Majestäten waren mit mir
sehr gesprächig und liebenswürdig, die Königin, wie
gewöhnlich, etwas überschwänglich, Beide in bester
Stimmung.« (Schönbrunn, 20. September 1895) –

»Der König war der denkbar aimabelste Hausherr (der Kaiser weilte als Gast in Rumänien), Carmen Silva war lieb, fast zu lieb und mitunter etwas mühsam durch Überschwänglichkeit ...« (Rumänien, 2. Oktober 1896)

Im Oktober 1885 verbrachte Kaiserin Elisabeth einen Monat auf See. Mit der Kaiserjacht Miramare fuhr sie Lacroma, Lissa, Korfu, Korinth, Smyrna, Rhodos, Cypern, Port Said, Suez, Alexandrien und abermals Korfu an, bis sie am 1. November in Schloß Miramare bei Triest wieder heimatlichen Boden betrat.

1886 wurde eine Kur in Baden-Baden angetreten. Wegen zunehmender Bein- und Fußschmerzen begab sich die Kaiserin im Juli desselben Jahres nach Bad Gastein, wo sie in der Villa des Grafen von Meran wohnte. Die Familie der Grafen von Meran sind Nachkommen Erzherzog Johanns aus der Verbindung mit Anna Plochl und damit über Kaiser Franz II. (I.), dem ältesten Bruder Erzherzog Johanns und Großvaters Kaiser Franz Josephs, nahe Verwandte.

Im Herbst folgte ein Aufenthalt in Gödöllö, und erst gegen Mitte Dezember begab sich Kaiserin Elisabeth zurück nach Wien. Am 28. April 1887 traf sie in Begleitung ihrer Hofdame, Gräfin Sarolta von Mailáth, in dem in Südungarn an der Grenze zur Rumänien gelegenen Herkulesbad abermals auf die Dichterfreundin Carmen Sylva. Einige Tage verbrachte die Kaiserin als Gast des rumänischen Königspaares auf Schloß Pelesch bei Sinaja. Das Fürstentum Rumänien war erst

1859 aus der Vereinigung der beiden Fürstentümer
Moldau und Walachei hervorgegangen, und sein erster
Fürst, General Cusa, war schon 1866 in einer Palastre-
volution gestürzt worden. In einer Volksabstimmung
wurde der zweite Sohn des Fürsten Karl Anton von
Hohenzollern-Sigmaringen, Prinz Karl, der am 20.
April 1839 geboren war, als Carol I. zum neuen Fürsten von Rumänien gewählt. Er heiratete am 15. November 1869 Prinzessin Elisabeth von Wied, die Tochter des Fürsten Wilhelm von Wied und der Prinzessin
Marie von Nassau. 1881 wurde er zum König prokla-
miert. Das Paar bewohnte die fürstliche Residenz in
Bukarest und zog sich während der Sommermonate
alljährlich vier Monate ins Gebirge von Sinaia in Sie-
benbürgen zurück, wohin ihm die gesamte Hofgesellschaft folgte.

Carol I. hatte Schloß Pelesch erbauen lassen, das seine Gemahlin zu ihrem Lieblingssitz erkor. Eine schmale Straße führte in das obere Peleschtal, wo sich, still
am Waldesrand gelegen, das Schloß befindet. Es wurde von dem Wiener Architekten Doderer im Renais-
sancestil erbaut und beherbergte eine reiche Gemälde-
und Büchersammlung. Die Bilder der Ahnengalerie
waren bei Franz Matsch und Gustav Klimt in Auftrag
gegeben worden. Es erregte weltweites Aufsehen, als
das Schloß 1884 als erstes in Europa elektrifiziert wurde. Anläßlich des Besuchs des österreichischen Kron-
prinzenpaares Rudolf und Stephanie wurde – vor allem
dem Thronfolger zuliebe, der einer der eifrigsten För-

derer dieser neuen Technik war – die Anlage erstmals in Betrieb genommen. Übrigens wurde in Wien erst zwei Jahre später als erstes Gebäude ein Stockwerk des Palais Schwarzenberg am Neuen Markt elektrifiziert, wobei der Kaiser und alle in Wien weilenden Erzherzoge anwesend waren.

Die Mitglieder der österreichischen Kaiserfamilie weilten oft und gerne als Gäste des rumänischen Königspaares in Sinaja wie Erzherzog Carl Ludwig, ein Bruder Kaiser Franz Josephs, und Kaiser Franz Joseph selbst, aus dessen Feder eine nahezu euphorische Beschreibung der Anlage stammt: »Sinaja ist namenlos schön, besonders wenn man aus der langweiligen Ebene plötzlich in diese Alpenpracht kommt. Die Berge gleichen unseren Alpen, aber der Wald mit seinen Baumriesen übertrifft unsere Wälder an Pracht. In Mitte dieser schönen Natur ist eine élégante Villenstadt entstanden und ganz vom riesigen Walde umgeben, liegt auf einer Wiese mit hübschen Gartenanlagen das königliche Schloß nebst zerstreuten Nebengebäuden. Das Schloß wäre etwas für Sie (Katharina Schratt), denn was in demselben an alten und neuen Bildern, alten Möbeln, Waffen, allem möglichen Grafelwerke angehäuft ist und wie das geschmackvoll vertheilt ist, läßt sich gar nicht beschreiben. Vorgestern machten wir in zahlreicher Gesellschaft eine lange Fußpromenade auf eine Alpe, wo bei rumänischer Zigeuner Musik im Freien déjeuniert wurde ... Es herrschte sehr heitere Stimmung.« (aus einem Brief

Kaiser Franz Josephs aus Rumänien vom 2. Oktober 1896)

Carmen Sylva hatte im Schloß ein eigenes Atelier einrichten lassen, das sie – nach dem griechischen Berg, der Apollo geweiht war und der als Sitz der Musen galt – als ihren »Parnassos« bezeichnete. Dorthin oder in ihr einsam im Wald gelegenes Jagdhaus im Schweizer Stil zog sie sich zum Malen und Schreiben zurück. Kulturell betätigte sie sich als Förderin der rumänischen Volkstradition und Sammlerin alter rumänischer Märchen und Volkssagen, die sie nacherzählte und in Buchform veröffentlichte. Bei festlichen Anlässen oder Diners erschien sie in der Nationaltracht des Landes, die sie zu einer Art Hofkleidung emporhob, wie es Titania (Kaiserin Elisabeth) anläßlich ihres Besuches in Pelesch beschrieb:

»›Eilen wir, zum Mahl uns schmücken,‹
Lässt die Königin (Carmen Sylva/Elisabeth)
sich hören,
›Reich geziert will Dir zu Ehren
Im Kostüm ich Dich entzücken.‹
In der Tracht, der farbenreichen,
Harren schon des Hofes Damen ...«

Im Juli des Jahres 1887 suchte Kaiserin Elisabeth das Seebad Cromer in Norfolk auf und traf auf der Rückreise in Hamburg die greise Schwester Heinrich Heines, Charlotte Emden. Über Heidelberg nahm sie Ende Juli den weiteren Weg nach Tegernsee und Bad

Ischl, wo sie bis September verblieb. Oktober und November fanden sie in Griechenland.

In den nächsten Monaten und Jahren folgten in verschiedenen Abständen Reisen zu den immer selben Stationen: Baden-Baden, Wiesbaden oder Amsterdam (wegen der Massagekuren bei Dr. Metzger), Heidelberg, Bad Kissingen, Paris, Bad Gastein, Meran (zur Traubenkur), Triest (Miramare), Tunis, Dover, Oporta in Portugal, Lissabon, Gibraltar, Tanger, Oran, Algier, Korsika, Marseille, Florenz, Rom, Pompeji, Korinth, Athen, Kairo, Messina, Palermo, Karlsbad (Kuraufenthalt), Zürich, Kaltbad Rigi-Kulm am Vierwaldstättersee, Luzern, Madrid, Riviera, Genf, Mailand, Pola und Capri, wo die Kaiserin den schwedischen Dichter-Arzt Axel Munthe besuchte, dessen Haus ihr so sehr gefiel, daß sie es spontan erwerben wollte. Über die Vermittlung der österreichischen Botschaft in Rom wurde ein Kaufangebot übermittelt, das Munthe dankend ablehnte, da er gar nicht daran dachte, sich von seinem Besitz in Capri zu trennen.

Wie lange auch immer die Korrespondenz zwischen den verschiedenen Stellen gedauert haben mag, endete sie jedenfalls damit, daß der schwedische Arzt zum Ehrenritter des Kaiserlich Österreichischen Stefanordens ernannt wurde, worüber er sich amüsierte. Da er für Auszeichnungen und Orden wenig übrig hatte, schenkte er die erhaltene Medaille einer ihm bekannten königs- und kaisertreuen Engländerin, die sie bei nächster Gelegenheit anläßlich eines Botschaftsemp-

fanges trug und damit unter den Ordenskennern viel
Verwirrung stiftete.

Rastlos begab sich Kaiserin Elisabeth auf immer län-
ger dauernde Schiffsreisen und ließ sich – ihrem Vorbild Odysseus folgend – an Schiffsmasten binden, um
selbst bei stärksten Windstärken den Anblick auf die
tosende See nicht missen zu müssen. Auf der Schiffsbrücke der kaiserlichen Jacht hatte sie einen Pavillon
aus Glas errichten lassen, die darin angebrachten Vorhänge aus blauer Seide wurden nur während der zwei
Stunden dauernden Frisierzeremonie heruntergelas-
sen. In einem aus Segelleinwand hergestellten, zeltarti-
gen Raum auf Deck erhielt die Kaiserin den täglichen
Griechischunterricht.

Ein authentischer Bericht vom Leben an Bord
stammt aus der Feder von Constantin Christomanos:
»Die kaiserliche Yacht (Miramare) ist elegant und
prächtig. Die für die Kaiserin reservierten Räume
im Rumpf des Schiffes haben den Charakter einer
Seemannswohnung; sie sind einfach und praktisch
eingerichtet ... (H)ier sind alle Möbel mit weißen
Leintüchern überdeckt, unter welchen man keine Seide ahnt. Blumen überall. Das Badezimmer ist die
Hauptpièce (pièce = Zimmer) und mit größerem Kom-
fort als die anderen ausgestattet. (Die Kaiserin) nimmt
nur Meerbäder bei den Seereisen; das Wasser hierzu
wird durch ein Boot, welches während der Fahrt des
Schiffes weit hinein ins Meer geht, in Fässern geholt.
Auf dem Verdeck befindet sich ein runder Glaspavil-

lon, von allen Seiten die Aussicht auf das Meer gewährend. Er ist mit blauer Seide ausgeschlagen: Rideaux (Vorhänge), die herabzuziehen sind, und ein im Kreise laufender Divan. Hier läßt sie sich des Morgens frisieren, während welcher Zeit sie mit mir liest oder schreibt; während sie sich darin befindet, werden alle Vorhänge herabgelassen. Sonst hält sie sich meist nur bei Regenwetter oder großem Sturm in diesem Pavillon auf, in welchem Fall wieder die Aussicht auf die See freigelassen wird. Sie hat mir das alles selbst gezeigt und erklärt. – ›Wenn es stürmisch wird, und wir auf hoher See sind, lasse ich mich gewöhnlich an diesen Stuhl anbinden. Ich tue dies wie Odysseus, weil mich die Wellen locken.‹ Ihre Hauptdomäne ist aber, wie sie mir sagte, das Hinterdeck und die eine Kommandobrücke, welche sie durch Segeltücher derart abschließen läßt, daß vom Schiffe gar nichts und nur das Meer sichtbar bleibt ... Sie hat bestimmte Stunden, an welchen sie die Brücke oder das Verdeck zu ihrem Aufenthalt wählt: morgens die Brücke, mittags das Verdeck und abends wieder die Brücke.« (Christomanos, S. 86 ff.)

Die spärlichen Mahlzeiten an Bord nahm Elisabeth mit dem Obersthofmeister, einer mitreisenden Hofdame und dem Ehepaar Feifalik an der Marschallstafel gemeinsam mit dem Schiffskommandanten und dem Ersten Offizier an Bord ein. Wenn die Kaiserin am Land Fuß faßte, zogen sie unendlich ausgiebige Fußmärsche in die Natur, wobei sich ihre Schrittge-

schwindigkeit allmählich so steigerte, daß alle Hofdamen Mühe hatten, das Tempo mitzuhalten: »Einen Teil
ihres (der Kaiserin) Tagwerkes bildeten Sommer und
Winter ihre leidenschaftlich betriebenen Spaziergänge
von vier oder fünf Stunden. Ja, sie konnte sogar neun
oder zehn Stunden hintereinander marschieren, ohne
zu ermüden. Aber ihre Hofdamen besaßen nicht die
gleiche Begabung der Beine, und man kann von ihnen
fast behaupten, daß sie sich aus ihrem Dienst ›mar-
schierten‹. Schließlich untergrub dieser übermäßige
Sport die Gesundheit der Kaiserin, da sie auch nur gerade soviel Nahrung nahm, als die Erhaltung ihres Kör-
pers unbedingt forderte.« (Wallersee, S. 54 f.)

Den Weg nach Hause, nach Wien in die Hofburg,
fand die Kaiserin immer seltener, sie besuchte die
Familie nur noch anläßlich großer Feierlichkeiten, die
ihren Gemahl oder eines der Kinder betrafen. Eine
mehrmonatige Reise unterbrach Kaiserin Elisabeth allerdings im Mai 1896 anläßlich der Milleniumsfeiern
des von ihr bevorzugten ungarischen Königreichs. Im
»Pesti Hirlap«, einer ungarischen Zeitschrift, vom
10. Juni würdigte man das Erscheinen der Kaiserin in
einem dementsprechend emotional geladenen Artikel:
»Schwarzverhüllte Statue des Schmerzes (ab dem Tod
des Kronprinzen Rudolf im Jahr 1889 trug die Kaiserin
bis zu ihrem eigenen Tod nur noch Trauerkleidung) im
Thronsaal der königlichen Burg, eine Mater dolorosa
(Schmerzensmutter). Schwarzer Schleier, schwarze
Nadeln, schwarze Perlen, und in all dem Schwarz ein

marmorweißes, unendlich trauervolles Antlitz ... Nun erwähnt der Redner auch die Königin. Sie rührt sich nicht, doch plötzlich dröhnen Eljen-Rufe, wie sie die Ofner Burg noch nicht erlebt hat. Man möchte meinen, die Gefühle brächen wie ein Ungewitter aus den Herzen. Da kommt ein wenig Leben in das majestätische, bis dahin steinerne Gesicht. Unmerklich weich neigt sie das Haupt zum Zeichen ihres Dankes. In der Bewegung liegt ein unsagbarer Liebreiz. Noch lauter tönt das Eljen, stärker, ohne Ende sich erneuernd braust es durch die Hallen. Die Magnaten schwingen ihre Kalpaks (Pelzmützen). Unaufhörlich lebt das Eljen wieder auf, gebietet dem Redner Schweigen – da senkt die Königin das Haupt. Ihr fahles Antlitz färbt sich mählich. Nach und nach steigt in die milchig-weiße Tönung Rosenschimmer, dann wird es rot, vom Rot des Lebens. Sie schlägt die Augen auf, die nun im alten Glanze leuchten. Und plötzlich stehen sie voll Tränen ...«

Im Jänner 1898 litt Kaiserin Elisabeth unter einer Gürtelrose am Arm und an der linken Schulter, die ihre Reiselust für einige Zeit unterband. Im März dieses Jahres führte sie eine erste Fahrt nach Territet in die Schweiz, eine zweite Reise nach Bad Kissingen, wohin sich auch der Kaiser zu einem Kurzaufenthalt begab. Es folgte eine Nachkur in Brückenau und eine in Schwalbach bei Meran. Mitte Juli reiste Elisabeth nach Bad Nauheim zu einer Untersuchung, ab Ende August wohnte sie wieder in Territet. Einige Ausflüge in die umliegende Berglandschaft wurden am 7. September von einem großen Haarwaschtag unterbrochen, der der letzte ihres Lebens werden sollte. Am 9. September wechselte die Kaiserin mit ihrem Gefolge nach Genf, wo sie und ihre Hofdame, Gräfin Irmgard Sztáray, ein Appartement im Hotel Beau Rivage bezogen. Am selben Tag besuchten die beiden Damen die Baronin Rothschild in Schloß Pregny am Genfer See, und einen Tag später beendete eine von Mörderhand geführte Waffe das Leben der rastlosen österreichischen Kaiserin.

10

*»Bitte mir einen kleinen Plan aller Appartements
... zu senden ... damit Madame (die Kaiserin), die
benötigten Zimmer auswählen kann.«*

(Brief eines Hofsekretärs an den Vermieter von Schloß Sassetôt)

*Über Reisevorbereitungen und Reiseaufwand am
Beispiel eines Aufenthaltes in Frankreich*

Schloß Sassetôt-les-Mauconduits liegt in der Normandie, im Departement Seine Inférieure, ungefähr acht Kilometer von der Bahnstation Fécamp entfernt, am Ende der Hochebene von Caux. Vom Schloß
aus führen zwei schmale, durch Hügel getrennte Täler
zu den etwa zwei Kilometer entfernt liegenden Kü-
stenorten Les Petites-Dalles und Les Grandes-Dalles
an der sogenannten Alabasterküste. Die Alleen, die
den Weg dorthin säumen, wurden von einem Garten-
bau-Architekten namens Gondoin angelegt, der auch
die Gärten von Monte Carlo und die Grünanlage des
Wiener Praters entwarf.

Das Gebiet um Schloß Sassetôt gelangte 1204 über
König Philipp II. August von Frankreich an einen
Prinzen von Harcourt, über den es an die Familie Mau-
conduits et d'Estonville weiterging. Nach oftmaligem
Eigentümerwechsel kam es 1862 in den Besitz von
Jean Joseph des Champs de Boishébert. Mit sehr viel
weltlicheren und volkstümlicheren Eigenschaften aus-

gestattet, als Heger und Pfleger des Gutes zu sein, ließ Boishébert das Gebäude verfallen, da er sich auch noch in beträchtlichen finanziellen Schwierigkeiten befand. Schließlich sah er sich sogar gezwungen, den Besitz zu veräußern. Einen Käufer fand er 1872 in der Person des begüterten Kaffeeimporteurs aus Le Havre, Albert Perquer, der zu dem Zeitpunkt, als sich Kaiserin Elisabeth entschloß, Aufenthalt in der Normandie zu nehmen, Eigentümer von Sassetôt war.

Jean Joseph des Champs de Boishébert, der Vorbesitzer des Schlosses, war nach dem Verkauf des Anwesens Attaché an der französischen Botschaft in Wien geworden und nahm in dieser Funktion an zahlreichen Empfängen des Wiener Kaiserhofes teil. Als Kaiserin Elisabeth ihm eines Tages anvertraute, daß sie an der Anmietung eines Feriendomizils in Frankreich in Meeresnähe interessiert sei, empfahl er ihr Schloß Sassetôt, von wo aus man in kurzer Anreise einige – fernab vom Touristentrubel liegende – Seebäder erreichen konnte. Die Kaiserin stimmte dieser Idee begeistert zu, weshalb schon bald ein Adjunkt des Hofkontrollor- oder Hofwirtschaftsamtes beauftragt wurde, die nötigen Vorbereitungen für die Anmietung des Anwesens, für die Reise sowie für den Aufenthalt der Kaiserin und ihres Gefolges zu treffen.

Ein reger Briefverkehr mit den nunmehrigen Schloßbesitzern, dem Ehepaar Perquer, setzte ein, in den auch die österreichisch-ungarische Botschaft in Paris eingeschaltet wurde. Karl Linger, der damit betraute österreichische Beamte des Hofkontrolloramtes, verfaßte im Mai 1875 folgendes Schreiben, das an Madame Albert Perquer in Paris gerichtet war und in dem die Höhe der festgesetzten Miete bestätigte wurde: »Madame! Im Besitze des Telegramms wegen der ins Auge gefaßten Miete wird der Preis von 30 000 Francs (Goldfrancs, für drei Monate Miete – leider gibt es für französische Francs weder beim Statistischen Zentralamt noch bei der Österreichischen Nationalbibliothek vergleichbare Werte) angenommen, womit die Angelegenheit, wie terminisiert, abgeschlossen wird. Ich hoffe, am 18. Juli (?) in Sassetôt anzukommen, um das Inventar zu übernehmen. Mit meinem ergebenen Respekt und in Erwartung eines Wortes von Monsieur im Hotel Bristol, Place Vendôme, vor meiner Abreise um ca. 8 Uhr, habe ich die Ehre zu zeichnen

Charles Linger e. h.«

Frau Perquer bestätigte per 31. Mai 1875: »Ich vermiete mein Schloß um 30 000 Francs vom 15. Juli bis 15. Oktober in dem Zustand, in dem es sich befindet, und mache aufmerksam, daß der 2. Stock von Möbeln entblößt ist ...«

Am 5. Juni erreichte ein in Ischl aufgegebenes Telegramm Albert Perquer in Paris: »An Mr. Perquer, Hotel de Londres, Rue Castiglione, Paris. Bitte mir einen kleinen Plan aller Appartements von Sassetôt zu senden, d. h. Erdgeschoß und 1. Stock, sobald wie möglich, damit Madame (die Kaiserin) die benötigten Zimmer auswählen kann. Die versprochene Photographie (wahrscheinlich des Schlosses) habe ich noch nicht erhalten. Linger.«

Über die bevorstehende Reise der Kaiserin informierte Franz Freiherr von Nopcsa am 15. Juni 1875 die österreichisch-ungarische Botschaft in Paris und teilte dabei den geplanten Abfahrtstermin (Ende Juli) mit. Die Reiseroute erstreckte sich von Wien über Salzburg, München, Stuttgart, Karlsruhe, Straßburg, Avricourt, Paris, Beuzeville nach Fécamp, wo man für die weitere Fahrt in einen Wagen wechseln wollte. Im Namen der Kaiserin war gebeten worden, keinen offiziellen Empfang zu arrangieren, da sie – wie so oft – privat und unter dem Namen einer Gräfin von Hohenembs reiste.

Für das Gefolge der Kaiserin waren mehrere Häuser in der Umgebung des Anwesens gemietet worden. Als Reisebudget, das der Erste Obersthofmeister des Kaisers, Konstantin Prinz zu Hohenlohe-Schillingfürst, im Juli 1875 zu bewilligen hatte, waren 50 000–60 000 Gulden (6 bis 7,2 Millionen Schilling) veranschlagt, wovon 40 000 als Vorschuß an den Sekretär der Kaiserin, den mittlerweile zum Regierungsrat avancierten Hugo Feifalik, übergeben wurden (davon 500 Golddukaten sowie Kreditbriefe vom Wiener Bankhaus Rothschild und der Allgemeinen Österreichischen Bodenkreditanstalt, die auf verschiedene Pariser Bankhäuser lauteten). Die Gesamtkosten für den zweimonatigen Aufenthalt beliefen sich schließlich auf 62 450 Gulden (rund 7,4 Millionen Schilling).

Trotz aller Vorsorgen und Bitten um Diskretion anläßlich der Ankunft der österreichischen Kaiserin, war der bevorstehende Besuch bekannt geworden, und das Journal de Fécamp berichtete schon am 4. Juli 1875, daß dank einer Information des österreichisch-ungarischen Botschafters in Versailles, Graf Apponyi, Kaiserin Elisabeth Ende Juli unter Wahrung des strengen Inkognitos über Paris nach Fécamp kommen werde, um sich für einige Zeit auf Schloß Sassetôt aufzuhalten.

Am 31. Juli 1875 traf der Hofzug um 8 Uhr 50 morgens am Bahnhof von Fécamp ein, und das Stationsgebäude war – um der Kaiserin eine ruhige Ankunft zu gewährleisten – für die gesamte Bevölkerung gesperrt worden. Ausgenommen von dieser Regelung waren einige hochstehende Beamte der österreichischen und französischen Beförderungsunternehmen, der Bürgermeister und der Bahnhofsvorstand von Fécamp sowie Regierungsrat Linger, der die Reise vorbereitet hatte.

Ein Landauer Wagen stand für die Kaiserin bereit, der sie über Valmont in die Ortschaft Sassetôt brachte, während die Wagen mit dem Gefolge sofort Richtung zum Schloß nahmen. Die Kaiserin war in Begleitung ihrer jüngsten Tochter Marie Valerie, die immerwährend eine in slowakischer Tracht gekleidete Puppe unter den Arm geklemmt trug.

Zum Gefolge der hohen Gesellschaft zählte auch ein verkrüppelter Negerzwerg, der allgemein Rustimo ge-

147

rufen wurde. Er war etwa ein Meter dreißig groß, knapp über zwanzig Jahre alt und der Kaiserin vom ägyptischen Pascha als Geschenk übergeben worden. Schon der Vater Kaiserin Elisabeths hatte vier Negerknaben in seinem Gefolge gehabt, die er von einer Orientreise nach Bayern mitgebracht hatte und die er später in einer feierlichen Zeremonie katholisch taufen ließ. Auch Rustimo war auf Veranlassung der Kaiserin getauft worden, sein Taufpate war Kronprinz Rudolf. Als Marie Valerie dem Kindesalter entwachsen war, erhielt Rustimo ein hohes Hofamt und wurde zum Kammeransager ernannt. Die Kaiserin ließ ihn außerdem das Buchbinderhandwerk erlernen und stattete ihm eine eigene Werkstätte aus. Er scheint in diesem Beruf keinen nachhaltigen Erfolg gehabt zu haben, denn 1891 gelangte er in die Versorgungsanstalt nach Ybbs, wo er im darauffolgenden Jahr verstarb.

Eine der ersten Aufgaben Rustimos in Sassetôt bestand darin, die Dogge Shadow, den Lieblingshund der Kaiserin, auszuführen, hauptsächlich sollte er aber der kleinen Kaisertochter Gesellschaft leisten, wofür er auch auf die Frankreichreise mitgenommen worden war.

Weiters befanden sich im Gefolge der kaiserliche Leibarzt Dr. Widerhofer sowie der Hofgeistliche und Erzieher der Erzherzogin Valerie, Monsignore Hyacint Jean Ronay, Bischof und Professor der Theologie. Für den Dienst in der Küche waren einige Hofköche, Hofzuckerbäcker, eine ungarische Suppenköchin, etliche

Küchenjungen und Geschirrwäscher mitgereist. Außerdem wurde ein französischer Koch aus Paris engagiert, der das Wiener Küchenpersonal mit der französischen Kochkunst vertraut machen sollte. Die Hofzuckerbäcker hatten Säcke mit ungarischem Mehl aus Wien mitgebracht, um den Haushalt ständig mit original heimischen, frischen Semmeln versorgen zu können, die dreimal täglich gebacken wurden. Außer dem Gebäck stellten sie auch in Frankreich die berühmten Wiener Bonbons her, die in kleine Dosen mit den Porträts des Kaisers, der Kaiserin, des Kronprinzen oder mit dem der beiden Erzherzoginnen Gisela oder Valerie verpackt wurden. Erzherzogin Valerie trug stets einen Vorrat dieser süßen Kostbarkeiten bei sich und verteilte sie während der Spaziergänge an Leute, auf die sie traf.

Insgesamt wurden in Sassetôt sechs verschiedene Tafeln mit Essen versorgt: die der Kaiserin, die ihrer kleinen Tochter Valerie, eine für den Hofstaat der Kaiserin, eine für die hohen Persönlichkeiten im Gefolge (Obersthofmeister, Hofdamen etc.), eine für das Stallpersonal und eine für das Gesinde. Insgesamt waren zweiundsiebzig Personen zu bekochen, wobei der Kochaufwand für die Kaiserin die geringste Arbeitszeit beanspruchte. Sie nahm morgens um sechs Uhr früh eine Tasse Kaffee mit einem einzigen Stück Biskuit zu sich. Nach der Toilette folgte gegen zehn Uhr ein zweites Frühstück, das aus einer Tasse Bouillon und einem Ei bestand. Während des Tages begnügte sich die Kaiserin mit einigen Gläsern verschiedener Säfte und verzichtete abends meist ganz auf eine Mahlzeit. Sogar, wenn die Kaiserin Gäste zum Essen empfing, ließ sie sich ausschließlich ein Glas eisgekühlter Milch, ein rohes Ei und etwas Portwein servieren.

In einem der Güterwaggons waren auch die Reitpferde der Kaiserin nach Frankreich mitgekommen. Gegen Ende August traf der englische Reitlehrer der Kaiserin ein, der die Pflege der Pferde beaufsichtigte und täglich mit der Herrscherin Ausritte unternahm. Die französischen Zeitungen kritisierten die Kavalkaden Elisabeths, die gern über die Felder und Wiesen der Bauern dahinsprengte, um einen Hasen zu verfolgen, wobei sie an den Kulturen oftmals arge Schäden anrichtete. Als niemand die Kaiserin aufzuhalten oder zu mahnen wagte, griff ein verärgerter Bauer eines Tages zu Mitteln der Selbsthilfe und postierte sich an einer neuralgischen Stelle. Er stellte sich der in seine Richtung reitenden Kaiserin mutig in den Weg, die – um den Mann nicht zu verletzen – ihr Pferd anhalten mußte. Er packte das Tier am Zügel und wandte sich in einiger Erregung an die Reiterin: »Entschuldigen Sie, Madame, aber wir Bauern finden es keineswegs in Ordnung, daß man über unsere Erde reitet und unser Korn zerstört. Sie müssen schon dorthin zurückkehren, von wo Sie hergekommen sind!« Die empörte Kaiserin brauchte gar nicht zu antworten, denn inzwischen war der sie begleitende Reitlehrer vom Pferd gesprungen und klärte den Bauern über die Identität der Reiterin und über die Art auf, mit der die österreichische Kaiserin Probleme dieser Natur zu lösen pflegte. Damit überreichte er dem Bauern eine große Summe Geldes, die mehr als den angerichteten Schaden deckte. Der Mann bedankte sich erstaunt über die großzügige Abfindung und bedeutete der Kaiserin, daß sie fortan reiten könnte, wo immer sie wolle. Um unter den verbleibenden und nicht entschädigten Bauern keinen Neid und keine Mißgunst zu erregen, wurden auch ihnen ähnlich lautende Beträge angewiesen.

Weniger großzügig zeigte sich die Kaiserin im Ungang mit den in Sassetôt und Umgebung angesiedelten Menschen, die mit ihr Kontakt aufnehmen wollten, weshalb sie alle Arten von Antrittsbesuchen von vorneherein verbat. Sie wies einen Kardinal ebenso ab wie den bis in den Schloßpark vorgedrungenen Subpräfekten von Yvetôt, der sich für das aggressive Verhalten der Bauern bei der Kaiserin entschuldigen wollte. Er wurde von Obersthofmeister Baron Nopcsa abgefangen und mit dem Hinweis auf das Verbot des Betretens der Anlage rüde abgewiesen. Als sich in eben dem Moment die Kaiserin zu Pferde nahte, sprang der verängstigte Präfekt – Schutz suchend – hinter einen Strauch, um nicht noch mehr Mißfallen zu erregen.

Die Kaiserin nahm auch keine Einladungen an, glich aber ihr oftmals als unhöflich empfundenes Verhalten durch großzügige Spenden aus. Als ihr vom Bürgermeisteramt eine Subskriptionsliste für die Errichtung eines Schutzwalls am Strand von Petites-Dalles vorgelegt wurde, sagte sie spontan einen Zuschuß von eintausend Francs zu. Außerdem ließ sie den Gemeinden von Sassetôt, Fécamp und St. Martin hohe Geldbeträge zukommen, mit der Bitte, sie an die Armen der Gegend zu verteilen. Ein anderes Mal wurde die Kaiserin Zeuge, als eine in Seenot gekommene Barke kippte und ihre Insassen ins tosende Meer geschleudert wurden. Sie veranlaßte noch auf der Stelle, daß man dem Besitzer des Bootes so viel Geld überbrachte, daß er eine neue Barke kaufen konnte, die seinen Lebensinhalt und seine Existenz bedeutete.

Kaiserin Elisabeth nahm während ihres Frankreichaufenthaltes beinahe jeden Vormittag ein Seebad am Strand von Petites-Dalles. Der Direktor des dortigen Casinos hatte den Stadtarchitekten von Fécamp beauftragt, eine eigene Badehütte für die Kaiserin zu bauen. Sie wurde aus hellem Tannenholz gezimmert und ähnelte einer kleinen Villa mit hübschem Portal, deren Inneres man über eine Außentreppe erreichte. Ein schmaler Flur gab den Weg in zwei weitere Räume frei. Über die rechte Seite betrat man ein Zimmerchen mit Toilettetisch und einer schlichten Holzbank, über die linke Seite eine Art Garderobe, die durch einen Vorhang nochmals geteilt war, wodurch eine zusätzliche Umkleidemöglichkeit für die Hofdamen geschaffen wurde. Um von neugierigen Badegästen nicht angesprochen oder belästigt zu werden, hatte man der Kaiserin einen mit Leinen bespannten Gang von der Badehütte zum Meer geschaffen, der erst im Wasser endete.

Am 25. September 1875 vormittags verließ Kaiserin Elisabeth mit ihrem Gefolge Schloß Sassetôt, nachdem sie vorher noch großzügige Geldgeschenke verteilt hatte: Eine Seemannsfamilie, deren Haus abgebrannt war, erhielt 500 Francs, 100 Francs wurden an den Pfarrer von Sassetôt übergeben, der die Summe nach eigenem Gutdünken verwenden sollte. Einige Bürgermeister der umliegenden Gemeinden, die Bademeister, höhere Beamte und der Stationsvorsteher von Fécamp erhielten österreichische Orden zur Erinnerung an den Aufenthalt der Kaiserin.

Der Hofzug nahm seinen Weg nach Paris durch das Departemant Eure, wo sich der Präsident der französischen Republik, Marschall Comte de MacMahon, aufhielt, um Manövern beizuwohnen. Als er erfuhr, daß die Wagen der österreichischen Kaiserin den naheliegenden Ort Vernon passieren würden und daß dort sogar ein kurzer Aufenthalt vorgesehen war, beschloß er spontan, ihr einen Höflichkeitsbesuch abzustatten. Gemeinsam mit seinem Adjutanten begab er sich auf den Bahnhof von Vernon und erwartete die Ankunft des Zugs. Als Baron Nopcsa, der Obersthofmeister Elisabeths, einem Wagen entstieg, informierte ihn MacMahons Begleiter von dessen Wunsch, der Kaiserin von Österreich seine Aufwartung machen zu dürfen. Nopcsa hieß den Adjutanten zu warten, um die Kaiserin um ihre Einwilligung zu fragen. Als er von ihr zurückkehrte, mußte er dem Präsidenten ausrichten lassen, daß die österreichische Herrscherin ihn nicht empfangen könnte, da sie sich schon zu Bett begeben hatte. MacMahon mußte »unempfangenerweise« und enttäuscht zu den Manövern in Eure zurückkehren.

Warum Kaiserin Elisabeth ihn nicht empfangen hatte, läßt sich nur mit einer Laune des Tages erklären. Denn als fanatische Republikanerin hatte sie Frankreich als Urlaubsland eben wegen des politischen Status gewählt, und der Kaiser hatte noch, bevor die Reise geplant wurde, deswegen Einwände erhoben. »... die französische Regierung gewähre einigen der gefährlichsten Anarchisten von Europa Asyl ... die Beziehungen Österreichs zur neuen Republik (seien) nicht freundschaftlich genug, um einen Staatsbesuch und die damit verbundenen Sicherheitsmaßnahmen zu rechtfertigen ... Frankreich lockte (die Kaiserin aber) ... nicht zuletzt deshalb, weil es jetzt eine Republik war ...« (Haslip, S. 302)

Die Geschichte mit dem französischen Präsidenten scheint innerhalb der Familie ein Nachspiel gehabt zu haben, denn der Kaiser bat Elisabeth, »auf der Rückreise in Paris Station zu machen, um den Präsidenten der Republik nicht (noch mehr) zu kränken. Nur zögernd fand sie sich dazu bereit, aber sobald sie (am 26. September) in der französischen Hauptstadt eintraf, gewann sie ihre gute Laune wieder ... Eine Einladung, im Elysée-Palast Quartier zu nehmen, schlug sie aber aus, mietete sich statt dessen im Hôtel du Rhin an der Place Vendôme ein und wanderte tagsüber zu Fuß durch die Straßen der Stadt ...« (ebenda, S. 306 f.) Elisabeth gedachte, verschiedene Einkäufe zu erledigen und besuchte in Begleitung ihrer Hofdame Gräfin Marie Festetics den Louvre. Drei Tage später verabschiedete sie ihre Tochter Marie Valerie, die mit ihrem Gefolge nach Wien weiterreiste, während der Weg der Kaiserin nach Ungarn führte, wo sie in Schloß Gödöllö Aufenthalt nehmen wollte.

11

»Nicht soll Titania unter Menschen gehn in diese Welt, wo niemand sie versteht ...«

(aus dem poetischen Tagebuch der Kaiserin Elisabeth)

Über Ängste, Aberglauben, Depressionen

Als literatur- und sprachbegeisterte Frau, die ständig ihren Bildungshorizont zu erweitern suchte, erhob sich die Kaiserin aus der Menge der (hoch)aristokratischen Damen ihrer Zeit, die zwar meist über ein solides Wissen verfügten, deren Lebensinhalt aber vorrangig Familie, Haushalt und Gesellschaft bildeten. Je stärker sich die Kaiserin (körperlich und psychisch) von ihrem Gemahl wegzubewegen imstande war, desto mehr widmete sie sich dem Studium der Sprachen und der Literatur.

Außer dem Deutschen beherrschte Elisabeth Ungarisch, Böhmisch, Polnisch, Rumänisch, Italienisch, Englisch, Französisch, Latein sowie Alt- und Neugriechisch. In Englisch, Französisch und Latein wurde sie seit Kindheit unterrichtet, die meisten anderen Sprachen hatte sie sich erst während ihrer Brautzeit angeeignet. Wirklich eingehend beschäftigte sich die Kaiserin mit dem Studium des Ungarischen und der beiden griechischen Sprachen (die sie fließend beherrschte), wofür sie fortlaufend Lehrer beschäftigte. Abgesehen von der ständig im Hofdienst stehenden Vorleserin Ida von Ferenczy wechselten sich die Sprachlehrer und anderen Vorleser im Abstand von einigen Monaten ab.

Zu den am häufigsten Beschäftigten zählten der spätere Chefredakteur des Pester Lloyd, Max Falk, ein für seinen liberalen Geist bekannter Journalist, der die Kaiserin im Ungarischen unterrichtete (eine erste Einführung in die Geschichte und die ungarische Sprache hatte Elisabeth als Braut noch in ihrem Elternhaus erhalten, wo sie durch den Grafen Johann Mailáth mit viel Enthusiasmus in die Kultur des Landes eingeführt wurde; er gilt als einer der Mitverantwortlichen für die spätere Ungarnbegeisterung der Kaiserin). Falk las gemeinsam mit der Kaiserin ungarische Schriftsteller, hielt ihr Vorträge über ungarische Geschichte und übersetzte mit ihr den Briefwechsel Kaiser Josefs II. mit der russischen Zarin Katharina II.

»Den Stunden wohnt Ida Ferenczy bei, und oft führen die Vorlesungen zu einer Debatte über die brennenden Fragen der ungarischen Politik ... Sehr oft ist da von Revolution die Rede, und die Kaiserin ist recht geneigt, bei ihrer liberalen Einstellung ... die Staatsform der Republik als die beste zu erklären.« (Corti, S. 152) Es braucht nicht gesondert darauf hingewiesen zu werden, daß diese Art von Unterricht bei Hof ebenso ungern gesehen wurde wie die permanente Beschäftigung der Kaiserin mit den sozialkritischen Schriften Heinrich Heines.

158

Als Griechischlehrer der Kaiserin folgten einander ein gewisser Constantin Mano, ein Professor Romanos, der Advokat Dr. N. H. Thermojannis aus Kairo, im Herbst 1889 Dr. Rhousso Rhoussopoulos, Alexis E. Pali, Dr. M. C. Marinaki, Alexander L. Mercati, Frederic Barker, ein Halbgrieche, und der Student Constantin Christomanos, der die Eindrücke von den Stunden mit der Kaiserin in seinen Tagebuchblättern festhielt. Er hat all ihre Eigenheiten, Rituale und Bewegungen eingehend studiert und widmete seine Aufmerksamkeit auch den kleinsten Dingen, so wie sie zum Beispiel leere Blätter mit Buchstaben füllte: »Die Kaiserin schreibt sehr rasch: beim Halten der Feder krümmt sie die Finger, offenbar noch eine Gewohnheit aus ihrer Kindheit, welche sie auch wahrscheinlich nur deshalb beibehalten hatte, weil ihre Lehrer sie rügten. Überhaupt hat ihr ganzes Gebaren beim Schreiben etwas kindlich Anmutiges und Unbeholfenes im Gegensatz zu ihrer sonstigen majestätischen Haltung inmitten der Bäume und Blumen. Sie fixiert das Papier und die Spitze der Feder, und es ist als ob sie ihre Feder nötigen möchte, fein und rein zu schreiben. Aber die Buchstaben quellen ungestüm und sich überhastend hervor, von jeder Konvention befreit ... Dann macht sie große Tintenflecke mit violetter Tinte, mit der sie einzig und allein aus einem goldenen Tintenfaß schreibt; dünnes Fließpapier liegt um sie gestreut, und sie trocknet damit jede Seite ab mit dem Ballen der Hand daraufschlagend.« (Christomanos, S. 46 f.)

Alle Gedanken und Inhalte, die die Kaiserin fesselten (egal ob es sich um literarische oder philosophische Ideen oder nur um Gesellschaftsklatsch handelte), brachte sie in Gedichtform zu Papier. Die schriftstellerischen Produkte der Kaiserin sind das Spiegelbild einer romantisch-schwärmerischen wie einer mitunter sehr zynischen Seele. Den dichterischen Hauptanteil am poetischen Tagebuch hatte – gemäß der Ansicht Elisabeths – ihr Lieblingsdichter Heinrich Heine, von dem sie glaubte, daß er geistig mit ihr in Verbindung stand:

»*Mir dünkt, daß Du* (Heine) *dictiertest,*
zu schreiben nur bleibt mir,
Gedanken und Gefühle
Wehst du auf das Papier.«

Kaiser Franz Joseph, der den hochfliegenden Gedanken der Gemahlin nicht folgen konnte, tat ihre Verse gerne als »Wolkenkraxeleien« ab. Er gab sich jedoch Mühe, sie zu verstehen und machte ihr gerne ein Kompliment, wenn ihn eine bestimmte Stelle ihrer literarischen Versuche besonders ansprach: »Den Satz in Deinem Briefe: ›Die Tannenbäume begegnen die (sic) blütenbedeckten Obstbäume‹, finde ich sehr poetisch.« (aus einem Brief an die Gemahlin vom 8. April 1897)

Durch die Beschäftigung mit der griechischen Antike bemühte sich Kaiserin Elisabeth, auch spiritisti-

schen Kontakt mit ihrem Lieblingshelden der Ge-
schichte, Achilles, aufzunehmen, dem sie im poeti-
schen Tagebuch zahlreiche Gedichte widmete: »Der
Geliebte«, »Der Herrlichste«, »Schild und Speer«.
Ihm war ihr Schloß auf Korfu geweiht, das Achilleion,
vor dem sich eine Skulptur des »Sterbenden Achill«
aus der Werkstätte des Bildhauers Herter befand. Eine
Kopie desselben Werkes und Urhebers ließ Kaiserin
Elisabeth am Meeresufer vor Schloß Miramare bei
Triest aufstellen.

Kaiserin Elisabeth litt an Idiosynkrasie (Überemp-
findlichkeit) – sie reagierte abnorm stark auf bestimmte Eindrücke, im speziellen ertrug sie es nicht, ständig
von Leuten angestarrt zu werden. Daher verbarg sie ihr
Gesicht zeit ihres Lebens hinter Hutkrempen, Schlei-
ern, Schirmen oder Fächern. Wesentlich lieber als mit
Menschen umgab sich die Kaiserin mit Tieren, denen
gegenüber sie eine an Hypnose grenzende Macht verfügte. Besonders stark wirkte sich diese Gabe bei wi-
derspenstig gewordenen Pferden aus, die sie oft als einzige zu zähmen imstande war.

Daneben existierte die labile Seele der Kaiserin,
die sie an oft absurden Dingen Halt suchen ließ und
die sich ein Leben lang in Aberglauben und Spiritis-
mus verstrickte. In München nahm Elisabeth an spiri-
tistischen Sitzungen teil, die von einer Freundin aus
Jugendtagen, der 1839 geborenen und unverheiratet
gebliebenen Gräfin Irene Paumgarten, organisiert
wurden. Nach Wien ließ die Kaiserin einen franzö-

sischen Geisterseher kommen, und auch in Korfu sammelte sie eine Gruppe von hellsichtigen Leuten um sich.

Aus Aberglauben schlug Elisabeth in unsicheren Zeiten ein Eiklar in ein mit Wasser gefülltes Glas und deutete künftige Ereignisse aus den verschwommenen Formen. Vor einer Elster machte sie drei Verbeugungen, Raben versuchte sie gänzlich zu meiden und zu umgehen, was in dem Gedicht »Ich habe verzweifelt« zum Ausdruck kommt. Sie brachte die schwarzen Vögel in Zusammenhang mit gottgewolltem und unentrinnbarem Lebensleid:

>»Jehova! Ich habe verzweifelt.
>An deiner Barmherzigkeit,
>Da ich die Raben gesehen
>Mit all ihrem schweren Leid.
>Ich sah sie stürzen und fallen
>Hinab in den tiefen Schnee,
>Wo sie sich krümmten und wanden,
>Verendend im bitt'ren Weh.
>Den schwarzen Fittig gespreizet,
>Das lichte Auge verdreht,
>Ein himmelschreiender Vorwurf,
>So war'n sie am Schnee versät ...«

Kaiserin Elisabeth fürchtete den bösen Blick und liebte es, bei Neumond am Fenster zu stehen und dort Hilfe zur Erfüllung ihrer Wünsche zu erflehen. Hufeisen oder Nägel, die sie auf ihren Spaziergängen fand, sammelte sie im Vertrauen auf deren Schutzgewalt und ließ sie später bronzieren oder vernickeln. Wenn sie einen Buckligen erblickte, erbat sie die Erlaubnis, den glückbringenden Höcker berühren zu dürfen, eine Angewohnheit, die sie einmal sogar in eine gefährliche Situation brachte. Als sie anläßlich eines ihrer Kuraufenthalte in Amsterdam einen Spaziergang unternahm, bemerkte sie unter einer Gruppe von Arbeitern einen Buckligen, auf den sie freudig zusteuerte. »Ich (Gräfin Larisch-Wallersee) wollte die Kaiserin abhalten, aber sie war schon dicht bei dem Mann (der in der Kaiserin, wenn er sie auch nicht erkannte, ein Mitglied einer verhaßten, bevorrechteten Gesellschaftsschicht erkannte), da – ein Schlag, und der Fächer (der Kaiserin) flog zur Erde. Ich wußte nicht, wer die Hand gehoben hatte, aber ein drohendes Gemurmel versetzte mich in heillosen Schrecken ... (Ich hob den Fächer auf und zog meine Tante am Arm vom Trottoir herunter, um) mit ihr über die Straße zu laufen. Das Schicksal sandte in diesem Moment eine Trambahn und willenlos ließ sie sich von mir hineinschieben. Wir waren gerettet. Ob sich die Kaiserin der Gefahr bewußt war? ... Sie lachte hinterher über dieses Intermezzo und erzählte mir, daß ihr vor einigen Jahren Ähnliches in Begleitung von Maria Festetics passiert war.« (Wallersee II, S. 206 f.)

Die Kaiserin ließ sich aus den Karten lesen und erfuhr von einer Wahrsagerin, daß sie nicht in ihrem Bett sterben werde. Sie glaubte an die Seelenwanderung und sah sich nach ihrem Tod als Möwe durchs Weltall fliegen, ihrem Vetter, König Ludwig II. von Bayern, dem »Adler« folgend.

Die Kaiserin hegte einen innigen Kontakt zu diesem mystisch veranlagten Verwandten, dem sie sich seelenverwandt fühlte. Oftmals unternahm sie mit ihm Bootsfahrten über den Starnberger See, die der zwergenwüchsige Mohr Rustimo mit dem Gesang fremder Volkslieder zur Gitarre untermalte. Nach dem Tod des Vetters hatte Elisabeth ähnliche übersinnliche Erscheinungen wie mit dem Lieblingsdichter Heinrich Heine. Auch König Ludwig suchte die Kaiserin nachts in ihrem Schlafzimmer auf, wie sie ihrer Vorleserin Ida von Ferenczy berichtete. Er sei ihr in triefend nassen Kleidern erschienen (das bezieht sich auf seinen mysteriösen Tod im Starnberger See) und habe ihr den Flammentod einer Schwester vorausgesagt (Sophie, die verheiratete Herzogin von Alençon, fiel am 4. Mai 1897 in Paris tatsächlich einem Brand zum Opfer, als während einer Wohltätigkeitsveranstaltung ein Feuer ausbrach. Die angebliche Prophezeiung über die Vermittlung des toten König Ludwigs läßt sich aber datenmäßig nicht eindeutig festlegen).

Mit ihrer Nichte Marie Larisch sprach die Kaiserin oftmals über ihre Veranlagung, mit Toten in Kontakt treten zu können. »Wenn die Menschen leugnen, daß es einen Kontakt mit Verstorbenen gibt, so tun sie dies aus Unverstand oder Unwissenheit. Allerdings ist es nicht jedem gegeben, hier auf Erden schon mit der Seele zu leben, zu denken und zu fühlen. Ich selbst (die Kaiserin) bin imstande, mit allen Seelen zu verkehren, die meiner Seele verwandt sind, auf welche ich meine eigene Seelenkraft übertragen und konzentrieren kann ... (Die) Bilder kommen mir im wachen Zustand, ebenso wie die Erinnerung im Schlaf ›Traumgebilde‹ erweckt. Aber was ich in wachem Zustande sehe, sind keine Traumgebilde, keine Halluzinationen, wie gewisse Menschen, denen die Begriffe fehlen, behaupten und damit ein nichtssagendes Wort statt einer logischen Erklärung geben. Der Geist eines Toten erweckt das Bild jener Gestalt in uns, die er in seiner letzten Lebensstunde gehabt, in welcher ihn der geistig Schauende nicht einmal gesehen.« (Wallersee II, S. 250 ff.)

Im Jahr 1888 stellten sich bei Kaiserin Elisabeth Selbstmordgedanken und starke Depressionen ein. Um gegen diesen Zustand anzukämpfen, unternahm sie extreme Bergwanderungen und Klettertouren, deren Geschwindigkeit sie im Laufe ihres weiteren Lebens so sehr steigerte, daß ihr bald niemand mehr folgen konnte.

Der geistige Verfall und der tragische Tod des Vetters und bayrischen Königs sowie der krankhafte Irrsinn dessen Bruders Otto bestätigten die Kaiserin in der Vermutung, die Geisteskrankheit sei ein Erbteil ihrer Familie, von der auch sie eines Tages befallen werde. Sie machte es sich zur Aufgabe, irrsinnige oder abnorme Menschen und ihr Verhalten zu studieren und informierte sich über ihre Schicksale, den Krankheitsverlauf sowie über Methoden, die Krankheitssymptome zu überwinden.

So interessierte sie sich für die Geschicke armer, wahnsinniger oder in Not geratener Menschen, wovon eine Geschichte – stellvertretend für viele andere – herausgegriffen und erzählt werden soll. Es handelt sich um das Schicksal Barbara Ubryks, die einer vornehmen polnischen Familie entstammte und die sich unsterblich in einen Ulanenoffizier verliebt hatte. Da er mittellos war, verweigerten die Eltern die Heirat. Als das Mädchen sich gegen den Beschluß stellte, einen anderen, vom Vater bestimmten Mann zu heiraten, wurde es zur besseren Belehrung in das Krakauer Karmelitinnen-Kloster gesteckt. Einige Zeit später starben die Eltern des Mädchens, und ihr Bruder, der im Ausland gelebt hatte und nun als Erbe nach Krakau zurückkehrte, versuchte, Kontakt mit der Schwester aufzunehmen. Er erkundigte sich im Kloster nach ihr, wo ihm die Äbtissin jedoch mitteilte, daß sie sich nicht mehr auf der Liste der Lebenden befände. Der Bruder, der hinter dieser Antwort sofort den Doppelsinn erahnte, wandte sich an den Erzbischof von Krakau, den er bat, das Schicksal der Schwester auszuforschen.

Doch auch ihm wurde vom Kloster jede Auskunft verweigert. Verzweifelt sandte der Bruder Barbara Ubryks eine Bittschrift an Kaiserin Elisabeth, von der er gehört hatte, daß sie ein Herz für aus der Gesellschaft verstoßene Personen hatte. Über ihre Intervention wurde eine Kompanie von Polizisten unter dem Kommando des Grafen Spaur gemeinsam mit dem Erzbischof zum Kloster geschickt. Die Klosterpforte war jedoch von innen verbarrikadiert, und die Nonnen bewarfen die zum Sturm bereiten Ankömmlinge mit Steinen und allen Geschützen, derer sie habhaft werden konnten.

Zuletzt gelang es aber doch, mit Gewalt in die Räume einzudringen. Beim Durchsuchen des Hauses gelangte man schließlich in den Keller, wo man hinter einer vermauerten Tür leises Stöhnen vernahm. Als man durch eine kleine verbleibende Öffnung leuchtete, erkannte man in dem niedrigen, nur ungefähr zwei mal zwei Meter großen, fensterlosen Raum eine nackte Frauengestalt mit langem, aufgelösten Haar und klauenartig gewachsenen Nägeln. Wie ein Tier schrie sie voll Angst und Verzweiflung. Auf Befehl des Grafen wurde die Vermauerung niedergerissen. In der von Unrat starrenden Zelle lag Barbara Ubryk an Händen und Füssen gefesselt. Der Körper, der während der gesamten Dauer der Gefangenschaft nie gewaschen worden war, war von Geschwüren übersät, und im Haar hatten sich Würmer eingenistet. Die arme, irrsinnig gewordene Frau, die ihre Sprache und ihren Verstand verloren hatte, wurde sofort in ein Spital gebracht. Gegen die Äbtissin leitete man ein Verfahren ein. Im Verlauf eines Prozesses gestand sie zwar, daß die »Therapie«, die sie Barbara Ubryk hatte angedeihen lassen, auf ihre Ver-

167

anlassung hin verordnet worden war, doch hätte das Mädchen sie selbst »verschuldet«: Barbara Ubryk habe auch im Kloster nicht von ihrem Geliebten gelassen und von dort mit ihm heimliche Briefe ausgetauscht. Als man ihr auf die Schliche kam, wurde sie gezwungen, einen letzten Brief an ihren Freund zu schreiben, in dem sie erklärte, daß sie sich von der Welt zurückziehen und für immer den Schleier nehmen werde. In der darauffolgenden Nacht überfielen die Äbtissin und eine Nonne, die mit Barbara Ubryk die Klosterzelle geteilt hatte, das Mädchen, fesselten und knebelten es und schleppten es in den Keller. Dort wurde sie an die Wand gefesselt, entkleidet und mit einer Ledergeißel gezüchtigt.

Danach vermauerten die beiden Frauen den Eingang des Kerkers. Jeden dritten Tag erhielt sie etwas Wasser und Brot. Den übrigen im Kloster lebenden Nonnen wurde bedeutet, daß das Klagen aus dem Keller von bösen Geistern stamme, so daß sich keine der geistlichen Frauen hinunterwagte, um der klagenden Stimme nachzugehen. Die Äbtissin und ihre Mittäterin wurden zu einer mehrjährigen Freiheitsstrafe verurteilt. Als der Fall in der Öffentlichkeit bekannt wurde, erhob sich eine Welle der Empörung. Das Volk stürmte den Gerichtssaal, in dem den Nonnen der Prozeß gemacht wurde, und konnte vom Militär nur mit Gewalt gehindert werden, an den beiden Frauen Lynchjustiz zu begehen.

Barbara Ubryk wurde nach Genesung ihrer körperlichen Leiden in ein helles, freundliches Zimmer einer

Anstalt für geistig Behinderte überstellt, wo ein Kanarienvogel ihre liebste Gesellschaft bildete. Sie blieb jedoch bis an ihr Lebensende irrsinnig und vermochte die Sprache nicht mehr wiederzugewinnen. Kaiserin Elisabeth ließ durch eine Hofdame, die sie während des Prozesses gegen die Klosterfrauen nach Krakau entsandt hatte, alles über das weitere Schicksal der Barbara Ubryk in Erfahrung bringen. Als sie von der Liebe des Mädchens zu seinem Kanarienvogel hörte, schickte sie ihm ein besonderes Stück und ließ es bis an ihr Lebensende mit Blumen und seltenen Singvögeln versorgen.

Die Kaiserin suchte in allen Städten, in denen sie sich aufhielt, die damals Narrenhäuser genannten Anstalten auf. 1874 stattete sie gemeinsam mit der Mutter der beiden geisteskranken, aufeinanderfolgenden bayrischen Könige Ludwig II. und Otto einem Münchner Irrenhaus einen Besuch ab. »Angesichts der fortwährenden Andeutungen, daß diese Krankheit in ihrer Familie (der wittelsbachischen) umgeht, will sie (Kaiserin Elisabeth) sich näher darüber unterrichten ... Der Besuch wird sehr gründlich durchgeführt. Elisabeth hört die armen Kranken bald gräßlich lachen, wüten, schreien, bald bitterlich weinen oder hell singen ... Furchtbar ist der Eindruck. Elisabeth ist bleich und ernst. Die (begleitende) Gräfin Festetics tief ergriffen, nur die Königin(mutter), die ... (zwei zu diesem Zeitpunkt von der Krankheit schon leicht befallene Söhne hat), bleibt kalt.« (Corti, S. 224 f.)

Kaiserin Elisabeth interessierte sich besonders für die in Wien befindlichen Heilanstalten für Geisteskranke und deren Wissenschaft, die sich erst langsam von den Methoden der vorhergehenden Jahrhunderte zu lösen begann. Noch unter Kaiserin Maria Theresia hielt man die dem Wahnsinn Verfallenen mit Halsringen und Handschrauben an die Wand gekettet. Sie mußten in Steinbrüchen, beim Kloakeräumen und beim Mühletreten (damals wurden die riesigen Räder mancherorts noch von – im Inneren des Rades laufenden – Menschen angetrieben) arbeiten, oder sie wurden wie Tiere vor die Pflüge der Bauern gespannt. In der Anstalt in St. Marx, im dritten Wiener Gemeindebezirk, lebten die Geisteskranken gemeinsam mit den Geschlechtskranken und Aussätzigen in Käfigen und vergitterten Betten.

Erst unter Kaiser Josef II. erfuhren die Behandlungsmethoden erste Verbesserungen. Er ließ im Jahr 1784 das Allgemeine Krankenhaus erbauen. Innerhalb dieses Areals war ein bestimmtes Gebäude, ein runder fünfstöckiger Turm mit knapp einhundertvierzig Zellen, der das Tollhaus genannt wurde, der Unterbringung und Versorgung der Geisteskranken vorbehalten. Die Wiener nannten das Gebäude den Narrenturm – eine Bezeichnung, die sich bis in unsere Tage erhielt, obwohl der Turm seinen ursprünglichen Zweck verloren hat und nur noch als Museum in Verwendung steht.

Die Tobenden und Attackierenden waren zwar auch

noch während der Regentschaft Kaiser Franz Josephs mit eisernen Ringen an die Wände gekettet, die sanften Patienten durften aber in spitalsähnlichen kleinen Räumen leben.

Die 1848 erbaute und 1852 der Benützung übergebene k.k. Landesirrenanstalt zählte schon zu den nach neueren wissenschaftlichen Erkenntnissen errichteten Institutionen für Geisteskranke. Sie wurde in den Jahren 1876 und 1903 wesentlich erweitert und dem Fortschritt ständig angepaßt. Diese Heilanstalt, nach ihrer Adresse »das Bründelfeld« genannt, lag in der damaligen Wiener Vorstadt Michelbeuern, im heutigen 9. Wiener Gemeindebezirk Alsergrund. Kaiserin Elisabeth wohnte dort hypnotischen Experimenten bei und ließ sich über die verschiedensten Krankheitszustände unterrichten. In einem auf einen Traum gemünzten Gedicht bezieht sich die Kaiserin auf diese damals nach modernsten Erwägungen geführte Anstalt, in die sie fürchtete, eingeliefert zu werden:

> *»Den Traum, als ich erwachte,*
> *Hab keinem ich erzählt;*
> *Sonst sperren sie mich sachte*
> *Noch gar ins Bründelfeld.«*

Ein anderer Zustand, der von dem labilen Nervenzustand herrührte, war die zeitweilig übermäßig starke Angst vor Ansteckung (der Zustand konnte allerdings auch ins extreme Gegenteil umschlagen, wenn die Kai-

serin in von Epidemien heimgesuchten Gegenden ver-
seuchte Menschen in Krankenhäusern besuchte). Als
zu Beginn des Jahres 1888 der Schratt-Sohn Toni an
Keuchhusten erkrankte, hielten Kaiser und Kaiserin
zwar ständigen Briefkontakt mit der Schauspielerin,
um den Gesundheitszustand des Kindes zu erfragen.
Doch war die Kaiserin auch wegen der Übertragung
der Krankheit auf ihre Tochter Valerie so sehr beunru-
higt, daß der Kaiser auf ihre Anordnung jeden persönlichen Kontakt mit Katharina Schratt meiden mußte:
»... Wegen Valérie muß ich die strengen ärztlichen Vorschriften einhalten, denn ich persönlich würde mich
nicht abhalten lassen, mit Ihnen zusammen zu kommen, um so mehr, als ich mich vor Ansteckung gar
nicht fürchte ...« (aus einem Brief Kaiser Franz Josephs
an Katharina Schratt vom 11. Januar 1888) Andererseits ließ sich die Kaiserin von ansteckenden Krankheiten so wenig beeindrucken, daß sie gemeinsam mit
einer ihrer Schwestern in München die Patienten des
Choleraspitals besuchte oder sich in Wien in die In-
fektionsabteilung des Allgemeinen Krankenhauses
führen ließ, um die neuesten Einrichtungen zu besich-
tigen.

Großes Interesse hegte die Kaiserin auch für abnorm
gewachsene Menschen. Anläßlich eines Aufenthaltes
in Meran ließ sie die vier Zentner schwere Riesin Eugenie, die in einer Jahrmarktsbude ausgestellt wurde,
mit einem Wagen nach Schloß Trauttmansdorff bringen, wo sie während ihrer Südtirolaufenthalte unterge-

bracht war. In Ungarn mußte man ihr siamesische
Zwillinge vorführen, die bei einem Wanderzirkus in
Ofen auftraten. Es waren zwei Negermädchen, die im
Jahr 1851 in Nordkarolina in den Vereinigten Staaten
von Amerika zur Welt gekommen waren. Die Eltern,
die die zusammengewachsenen Zwillinge als Un-
glücksbringer deuteten, setzten die Kinder kurzerhand
aus. Eine Hebamme nahm die beiden bei sich auf, er-
zog sie und ließ sie im fortgeschrittenen Kindesalter
Tanz und Gesang studieren. Millie und Christine – so
hieß das Zwillingspaar – wurden, als sie erwachsen waren, das erste Mal nach Europa geladen und traten in
Berlin als Künstlerduo auf. In Deutschland wurden sie
auch von einem Chirurgen eingehend untersucht, der
feststellte, daß die beiden Mädchen bis zum Kreuzbein
getrennt waren, sich aber in der Lendengegend nur eine Wirbelsäule teilten. Künstlerisch war dem Mäd-
chenpaar großer Erfolg beschieden. Wegen ihrer wohlklingenden Stimmen wurden sie als »zweiköpfige
Nachtigall« bezeichnet, auf den ungarischen Plakaten
schienen sie als »zweiköpfige Lerche« auf. Während
ihrer Europareise im Jahr 1873 streiften sie Paris, Berlin, Wien und Budapest. In Wien nahmen sie im Hotel
»Zum weißen Roß« Quartier, wo sie der damals fünf-
zehnjährige Kronprinz Rudolf in Begleitung seines Er-
ziehers, des Generalmajors Latour, besuchte. Für ihn
gaben die beiden Mädchen eine Privatvorstellung, die
– wie bei seiner Mutter – einen nachhaltigen Eindruck
hinterließ.

12

*»... jetzt kniet der alte Kaiser allein am Sarge
seiner Gattin, so einsam, als es ein Mensch auf
Erden nur sein kann ...«*
(Franz Karl Ginzkey über den verwitweten
Kaiser Franz Joseph)

Das Ende

Kaiserin Elisabeth sah sich mit zunehmendem Alter
von den Ihren immer weniger verstanden, sie bezeichnete sich als eine Närrin in dieser Welt, in deren
Traumreich niemand mit ihr zu leben vermochte. Andererseits bedeutete ihr der Alltag innerhalb der Familie nicht das geringste. Voll Sehnsucht erwartete sie
den Tag, an dem sie in das Reich des Todes eindringen
würde, um den ihr verwandten, verlorenen Seelen wieder nahe zu sein.

Ruhelos eilte sie von einem Reiseziel zum nächsten,
um in den frühen Septembertagen des Jahres 1898 Aufenthalt in Territet bei Montreux zu nehmen. Von dort
aus besuchte die Kaiserin gemeinsam mit ihrer Hofdame, Gräfin Sztáray, am 9. September die mit ihr befreundete Baronin Julie Rothschild in Schloß Pregny.
Sie schätzte deren Lebensstil ebenso wie ihren Sinn für
schöne Dinge und für die Künste und sie vermochte
mit ihr, die ihr eine der wenigen vertrauten Seelen geworden war, angeregte Gespräche zu führen. Als Mit-

glied der Dynastie Rothschild stand Julie auch in der Gunst des Kaisers, der die Familie, die jüdisch war und nicht dem europäischen Hochadel entstammte, 1887 für hoffähig erklärt hatte und allen ihren Mitgliedern Zutritt zu Empfängen und Cercles der kaiserlichen Familie gewährte. Kaiserin Elisabeth stand mit allen Damen der Familie Rothschild in freundschaftlicher Verbindung und hatte vor allem in Julie, der Schwester Alberts von Rothschild, eine innige Freundin gefunden.

Salomon Albert von Rothschild, jüngster Sohn des Anselm Salomon und der Charlotte de Rothschild und Direktor des Wiener Bankhauses, ließ in der Prinz Eugen-Straße im vierten Wiener Gemeindebezirk ein Stadtpalais im Stil der Pariser Renaissance errichten, das für seine weitläufigen Säle mit weißen Holzpaneelen, silbernen und goldenen Ornamenten und Goldbronzelüstern berühmt war, die mit bis zu fünfhundert Kerzen bestückt waren und zauberhafte Lichtreflexe schufen.

Alberts Schwester Julie, die 1830 zur Welt gekommen war, hatte am 16. Oktober 1850 im familieneigenen Palais in Neapel einen Verwandten, Adolphe von Rothschild aus der Frankfurter Linie der Familie, geehelicht. Julie liebte es, sich mit Pracht und Luxus zu umgeben. Vorzugsweise hielt sie sich in Paris oder in ihre Villa in Pregny am Ufer des Genfer Sees auf, wo sie Kaiserin Elisabeth (unter dem Inkognito einer Gräfin von Hohenembs) am 9. September 1898 besuchte.

Kaiserin Elisabeth anläßlich eines Venedigaufenthalts im Jahr 1862.

18 (links) Graf Gyula Andrássy 1867, im Jahr des Ausgleichs mit Ungarn. – 19 (rech
Die Herzogin Sophie von Alençon, eine Schwester der Kaiserin Elisabeth, im Jahr 18.

20 Die Villa Trauttmansdorff bei Meran im Jahr 1871, die Kaiserin Elisabeth etli
Male für Aufenthalte mietete.

Schloß Osborne, der Sommersitz der englischen Königin Viktoria auf der Isle of
ght, im Jahr 1872.

(links) Franz Deák, der ungarische Politiker, den Kaiserin Elisabeth sehr verehrte und
dessen Beisetzung in Budapest sie reiste. – 23 (Mitte) Erzherzogin Marie Valerie mit
n Negerzwerg Rustimo. – 24 (rechts) Der französische Marschall Comte MacMahon,
von Kaiserin Elisabeth nicht empfangen wurde.

25 Kaiserin Elisabeth auf ihrem letzten Spaziergang in Begleitung der Hofdame Gr... Irma Sztáray.

Den Weg dahin nahm Elisabeth nicht mit der von Rothschild angebotenen Segelyacht, sondern – jede Regel der Etikette und Sicherheit durchbrechend – mit einem schweizerischen Kursdampfer. Tief verschleiert trat sie in Gesellschaft der Gräfin Sztáray die Fahrt an. Nach der Ankunft in Pregny und einem herzlichen Empfang nahmen die Damen ein leichtes Mahl zu sich: Julie Rothschild koscher zubereitete Speisen, während die Kaiserin ein auf ihre Diät abgestimmtes Menü erhielt. Ein Orchester, das im Verborgenen spielte, untermalte das Damengeplauder mit italienischen Weisen. Man unterhielt sich angeregt über Heinrich Heine, und die Kaiserin brachte einen Toast auf den Lieblingsdichter aus. Später führte die Gastgeberin die Kaiserin durch die zu ihrer Zeit einzigartigen Treibhäuser, in denen seltene Blumen aus aller Welt und aus allen Klimazonen gediehen.

Die Kaiserin war in heiterer Stimmung, als sie von der Gastgeberin Abschied nahm. Sie schrieb einige Zeilen in das Gästebuch und blätterte darin interessiert zurück. Plötzlich erschrak sie heftig, als sie auf eine Seite stieß, die eine Widmung und die Unterschrift ihres verstorbenen Sohnes Rudolf trug. Er war kurz vor seinem Tod ebenfalls in Pregny zu Gast gewesen. Die heitere Stimmung war verflogen. Schweigend und ganz in sich gekehrt trat die Kaiserin mit ihrer Gesellschafterin den Rückweg nach Territet an, wo sie sich sofort in ihr Zimmer im Hotel Beau Rivage begab. Für die Ereignisse des 10. September 1898, dem Todestag der

Kaiserin, soll der Bericht der Gräfin Sztáray wiedergegeben werden, die die Herrscherin während des ganzen Tages begleitete und direkteste Augenzeugin des
Mordes an Elisabeth wurde: »Mit dem Schlage 9 Uhr
meldete ich mich (am 10. September morgens) bei der
Kaiserin. Sie ließ sich eben frisieren ... Nachdem sie
mir noch einige kleine Aufträge für die Stadt gegeben
hatte, fragte ich Ihre Majestät, ob es dabei bliebe, daß
sie mit dem Schiffe nach Caux zurückkehren würde?
›Jawohl, um 1 Uhr 40 Minuten fahren wir. Das Personal kann mit dem 12 Uhr-Zuge reisen, denn ich liebe
die großen Aufzüge nicht. Mit einem Worte: Es bleibt
alles, wie es bestimmt war.‹ Hierauf verließ ich sie.
Rasch besorgte ich meine Aufträge in der Stadt und
war etwas vor 10 Uhr wieder im Beau Rivage. Hier traf
ich meine Anordnungen für die Abreise (man wollte
Genf an diesem Tag verlassen), und als ich alles getan
wußte, meldete ich mich bei der Kaiserin.

Um 11 Uhr verließen wir (die Bediensteten) mit Ihrer Majestät das Hotel und gingen nach der Rue Bon-
nivard, in den Laden Bäckers, wo die Kaiserin das Orchestrion (ein mechanisches Musikinstrument mit Or-
gel-, Klavier- und Geigenwerk) der Adelina Patti zu
hören wünschte. Bäcker setzte sofort das orgelartige
Instrument in Bewegung, das die Musik eines ganzen
Orchesters in möglichster Treue wiederzugeben suchte. Aida, Carmen, Rigoletto, dann Tannhäuser kamen
an die Reihe ... Wir kauften jetzt noch ein gewaltiges
Ariston (wahrscheinlich ein ähnliches Instrument wie

das Orchestrion) mit 24 dazugehörigen Piecen für die
Kinder in Wallsee (die Kinder der jüngsten Tochter
Marie Valerie) ... (Danach spazierten wir) sehr langsam
den Quai du Mont Blanc entlang. Ihre Majestät erging
sich mit Genuß im Sonnenschein, ergötzte sich an dem
bunt wogenden Leben der Straßen, mich aber über-
mannte die Unruhe, und ich machte sie aufmerksam,
daß es die Zeit wäre, ins Hotel zurückzukehren und
sich zur Reise vorzubereiten.

Im Beau Rivage angelangt, zog sich Ihre Majestät
auf ihr Zimmer zurück, um sich anzukleiden. Mir
schien es, als weilte sie zu lange darin, und ich wurde
deshalb von einer unbegreiflichen Nervosität ergriffen. Wenn wir uns verspäteten, blieben wir hier ganz
allein zurück, weil das Personal, mit Ausnahme eines
Lakaien, bereits abgereist war. Ich konnte es nicht erwarten, bis sie herauskam, begab mich daher zu ihr
hinein und bat um die Erlaubnis, den Lakai vorauszu-
schicken, da ja der Schiffskapitän nicht wußte, daß sie
reisen würde, damit er das Schiff, falls es vor unserer
Ankunft abfahren wollte, zurückhalte. Dies geschah.
Inzwischen trank die Kaiserin mit sichtbarem Genus-
se ein Glas Milch. ›Majestät‹, mahnte ich, ›es ist 1 Uhr
30 Minuten, gehen wir, wir verspäten uns!‹ – Sie aber
schwenkte jetzt mit vollster Seelenruhe das Glas aus,
aus dem sie getrunken hatte ... Endlich war sie bereit.
Nun blickte sie sich lebhaft im Zimmer um, und wir
gingen. Ich erinnere mich zweier Gestalten, die sich
vor dem Ausgange tief verbeugten. Es dürften der

Hotelier und der Portier gewesen sein. Es war genau
1 Uhr 35 Minuten, als wir zum Tore heraustraten ...
Wir schritten am Seeufer entlang ... Wir gingen eben
an dem ›Braunschweiger‹-Denkmal vorüber, als die
Kaiserin, heiter wie ein sorgenloses Kind, das es nicht
für sich behalten kann, wenn ihm etwas auffällt,
auf zwei Bäume hinwies: ›Sehen Sie, Irma, die Kasta-
nien blühen. Auch in Schönbrunn gibt es solche zweimal blühende, und der Kaiser schreibt mir, daß auch
sie in voller Blüte stehen.‹ – ›Majestät, das Schiffs-
signal!‹ sagte ich und zählte unwillkürlich die auf
das Läuten folgenden dumpfen Schläge ... In diesem Momente erblicke ich in ziemlicher Entfernung
einen Menschen, der, wie von jemandem gejagt, hinter
einem Baume am Wegrande hervorspringt und zum
nächststehenden anderen läuft, von da zu dem eisernen Gelände am See hinübersetzt, sodann abermals
zu einem Baume und so, kreuz und quer über das Trottoir huschend, sich uns naht. ›Daß der uns auch noch
aufhalten muß!‹ denke ich unwillkürlich, ihm mit den
Blicken folgend, als er aufs neue das Geländer erreicht, und von da wegspringend, schräge auf uns los-
stürmt. Unwillkürlich tat ich einen Schritt vorwärts,
wodurch ich die Kaierin vor ihm deckte, allein der
Mann stellt sich nun wie einer, der arg strauchelt,
dringt vor und fährt im selben Augenblicke mit der
Faust gegen die Kaiserin. Als ob der Blitz sie getroffen
hätte, sank die Kaiserin lautlos zurück, und ich, meiner Sinne nicht mächtig, beugte mich mit einem ein-

zigen verzweiflungsvollen Aufschrei über sie hin ...
Die Kaiserin schlug die Augen auf und sah um sich.
Ihre Blicke verrieten, daß sie bei vollem Bewußtsein
war, dann erhob sie sich, von mir gestützt, langsam
vom Boden ... Ihre Augen glänzten, ihr Gesicht
war gerötet, ihre herrlichen Haarflechten hingen, vom
Falle gelockert wie ein lose gewundener Kranz um
ihr Haupt, sie war unaussprechlich schön und ho-
heitsvoll. Mit erstickter Stimme, da die Freude den
Schrecken überwand, fragte ich sie: ›Was fühlen
Majestät? Ist Ihnen nichts geschehen?‹ – ›Nein‹, antwortete sie lächelnd, ›es ist mir nichts geschehen.‹ Daß
in jener gottverfluchten Hand sich ein Dolch befunden hatte, ahnten in diesem Augenblicke weder sie
noch ich. Inzwischen waren von allen Seiten Leute
herbeigeströmt, die sich über den brutalen Angriff
entsetzten und mit Teilnahme die Kaiserin fragten, ob
sie keinen Schaden genommen. Und sie, mit der herz-
lichsten Freundlichkeit, dankte jedem in seiner eignen
Sprache ... bestätigte, daß ihr nichts fehlte, und gestattete mit herzlicher Bereitwilligkeit, daß der Kut-
scher ihr bestaubtes Seidenkleid abbürste.

Währenddessen war auch der Portier des Beau Rivage zur Stelle gelangt, er hatte vom Tore aus die
schreckliche Szene mitangesehen und bat dringendst,
ins Hotel zurückzukehren. ›Warum?‹ fragte die Kaiserin, während sie ihr Haar in Ordnung zu bringen versuchte, ›es ist mir ja nichts geschehen, eilen wir lieber
aufs Schiff.‹ Sie setzte unterdessen, obschon es ihr

nicht recht gelungen war, ihr Haar in Ordnung zu bringen, den Hut auf, nahm Fächer und Schirm, grüßte freundlich das Publikum, und wir gingen ... Frisch und elastisch schritt sie neben mir her, ihre Haltung schien ungebrochen, und sie lehnte sich zu mir. ›Nicht wahr, jetzt bin ich blaß?‹ – ›Ein wenig‹, antwortete ich, ›vielleicht vom Schrecken.‹ – Mittlerweile kam uns der Portier mit der Neuigkeit nachgeeilt, daß man den Missetäter ergriffen habe. ›Was sagt er?‹, fragte die Kaiserin. Als ich ... sie ansah, bemerkte ich, daß ihre Züge sich schmerzlich veränderten. Erschrocken bat ich sie, sie möchte mir die Wahrheit sagen, was sie fühlte und ob sie keine Schmerzen hätte, und während sie scheinbar leicht ihren Weg fortsetzte, hing ich mit tödlicher Besorgnis an jedem ihrer Schritte. ›Ich glaube, die Brust schmerzt mich ein wenig‹, sagte sie, ›doch bin ich dessen nicht sicher.‹ Wir gelangten in den Hafen. Auf der Schiffsbrücke ging sie noch leichten Schrittes vor mir her, doch kaum hatte sie das Schiff betreten, als ihr plötzlich schwindelte. ›Jetzt Ihren Arm‹, stammelte sie mit erstickender Stimme. Ich umfing sie, konnte sie aber nicht halten und, ihren Kopf an meine Brust pressend, sank ich ins Knie. – ›Einen Arzt! Einen Arzt! Wasser!‹ schrie ich dem zu Hilfe eilenden Lakai entgegen. Die Kaiserin lag totenbleich mit geschlossenen Augen in meinen Armen. Der Lakai und andere stürzten mit Wasser herbei. Als ich ihr Antlitz und Schläfe besprengte, öffneten sich ihre Augenlider, und mit Entsetzen erblickte ich hinter ihnen den Tod. Ich habe ihn schon oft gesehen und jetzt erkannte ich ihn in den verglasten Augen ... Mit Hilfe zweier Herren trugen wir sie aufs Verdeck (des wartenden Schiffes) und legten sie auf eine Bank. ›Einen Arzt! Einen Arzt! Ist kein Arzt auf dem Schiffe?‹ rief ich den Umstehenden zu, worauf ein Herr hervortrat und mir die Hilfe seiner Gattin anbot, die halb und halb Ärztin sei und sich auf die Krankenpflege verstehe. Madame Dardelle ließ Wasser und Eau de Cologne bringen und machte sich sogleich an die Wiederbelebung der Kaiserin. Sie ornete an; ich schnitt ihre Miederschnüre auf, während eine barmherzige Schwester ihre Stirne mit Eau de Cologne rieb. Inzwischen war das Schiff abgefahren, aber trotz seiner Bewegung nahm ich wahr, wie die Kaiserin bemüht war, sich zu erheben, damit ich das Mieder unter ihr hervorziehen könnte. Dann schob ich ein in Äther getauchtes Stückchen Zucker zwischen ihre Zähne, und ein Hoffnungsstrahl durchzuckte mich, als ich hörte, daß sie ein- oder zweimal darauf biß. Auf dem in Bewegung befindlichen Schiffe wehte kühle Seeluft und trug dazu bei, daß die unter den peinlichsten Zweifeln unternommenen Belebungsversuche Erfolg hatten. Die Kaiserin öffnete langsam ihre Augen und lag einige Minuten mit umherirrenden Blicken da, als wollte sie sich orientieren, wo sie sei und was mit ihr geschehen war. Dann erhob sie sich langsam und setzte sich auf. Wir halfen ihr dabei, und sie hauchte, gegen die fremde Dame gewendet: ›Merci.‹ ... Obgleich die Kaiserin sich aus eigener Kraft sitzend erhielt, sah sie doch sehr gebrochen aus. Ihre Augen waren verschleiert, und unsicher schwankend strich ihr trauriger Blick umher ... Ihre Blicke suchten den Himmel, dann blieben sie an dem Dent du Midi (ein Berg) haften und, von da langsam herabgleitend, ruhten sie auf mir, um sich für ewig meiner Seele einzuprägen.

›Was ist denn jetzt mit mir geschehen?‹ Das waren ihre letzten Worte, dann sank sie bewußtlos zurück ... Die Kaiserin trug ein kleines schwarzes Seidenfigaro, das ich, um ihr auch diese Erleichterung zu verschaffen, über der Brust öffnen wollte. Als ich die Bänder auseinanderriß, bemerkte ich auf dem darunter befindlichen Batisthemde in der Nähe des Herzens einen dunklen Fleck in der Größe eines Silberguldens. Was war das? Im nächsten Augenblicke stand die lähmende Wahrheit klar vor mir. Das Hemd beiseite schiebend, entdeckte ich in der Herzgegend eine kleine dreieckige Wunde, an der ein Tropfen gestockten Blutes klebte. – Luccheni hatte die Kaiserin erdolcht ... Ich mußte handeln. Ich ließ den Schiffskapitän zu mir bitten. ›Mein Herr‹, sagte ich zu ihm, ›auf Ihrem Schiffe liegt tödlich verwundet die Kaiserin Elisabeth von Österreich, Königin von Ungarn. Man darf sie nicht ohne ärztlichen und kirchlichen Beistand sterben lassen, bitte kehren Sie sofort um.‹ Der Kapitän gehorchte stumm und nahm die Richtung gegen Genf ... Wir fuhren in den Hafen ein, legten die Kaiserin auf ein improvisiertes Trag-

bett, welches sechs Männer hoben. Bevor wir uns in
Bewegung setzten, breitete ich ihren großen schwarzen Mantel über sie. Die Agonie war so sanft, ohne
jedes Zeichen des Kampfes, doch in diesem Augenblicke wandte sie unruhig den Kopf zur Seite ... In
ihr (Hotel)Zimmer gelangt, legten wir sie aufs Bett.
Doktor Golay war schon zur Stelle, bald darauf kam
der zweite Arzt ... Ich zeigte Doktor Golay die
Wunde. Er konnte mit seiner Sonde nicht mehr
eindringen, weil die Wundöffnung sich nach der Entfernung des Mieders von ihrer ursprünglichen Stelle
verschoben hatte. ›Es ist gar keine Hoffnung‹, sprach
der Arzt nach einer Weile ... Jetzt kam der Priester und
gab ihr die Generalabsolution ... Um 2 Uhr 20 Minuten sprach der Arzt das furchtbare Wort aus ... Tot!«
(Auszug aus: Irma Gräfin Sztáray, Aus den letzten Jahren der Kaiserin Elisabeth, S. 235 ff. Wien 1909. zitiert
in: Ausstellungskatalog)

Der Leichnam der Kaiserin mußte nach schweizerischem Gesetz noch im Land (und in Anwesenheit der
Gräfin Sztáray) obduziert werden und durfte erst danach in die Heimat überstellt werden. Der Leichenbeschaukommission gehörte unter anderem der Genfer
Arzt Dr. Golay an, der über die von ihm durchgeführte Autopsie folgenden Bericht erstellte. Das Ergebnis
leitete er an seinen Berufskollegen Dr. Sotier in Bad
Kissingen weiter, der die Kaiserin seinerzeit als Kurarzt behandelt hatte:

»Docteur Golay
3, Quai de Montblanc
Genf

Genf, 12. September 1898

Herrn Dr. Sotier,
Bad Kissingen

Sehr geehrter Herr College!

Aus Anlaß des schrecklichen Attentats, dessen Opfer Ihre Majestät die Kaiserin von Österreich geworden, fragen Sie telegraphisch an, welche anatomischen und pathologischen Beschädigungen an der Stelle des Herzens durch die Augenscheinnahme nachgewiesen werden konnten.

Ich muß Ihnen sagen, daß die zu dieser Untersuchung herbeigezogenen Ärzte nicht ermächtigt worden sind, eine vollständige Autopsie vorzunehmen; sie mußten sich darauf beschränken, den Weg nachzuweisen, welchen der Dolch genommen hatte, und in bestimmter Weise Klarheit darüber verschaffen, ob die Verletzungen, welche er verursacht hatte, hinreichend waren, den Tod herbeizuführen. Sie werden sehen, daß in dieser Hinsicht nicht der geringste Zweifel besteht und daß insbesonders die durch den unvermuteten Angriff hervorgerufene Aufregung keinerlei Rolle bei diesem schrecklichen Ereignisse gespielt hat. Das aufgefundene Werkzeug, welches der schändliche Mordbube als dasjenige erkennt, dessen er sich bedient hat, ist eine dreieckige Feile von elf Zentimeter Länge, sehr spitz und auf plumpe Weise in einem Griff von Fichtenholz befestigt nach Art eines Messers wie vorstehende Skizze zeigt.

Der Stoß ist mit außerordentlicher Heftigkeit geführt worden, denn das Werkzeug drang bis zu einer Tiefe von 8,5 Zentimeter in die Brust ein. Am oberen Teile der linken Brust besteht eine kleine dreieckige Wunde, welche kaum drei bis vier Tropfen Blut fließen ließ.

Das Werkzeug hat die vierte Rippe gebrochen und ist sodann durch den vierten Rippen-Zwischenraum in die Brust eingedrungen; es hat den unteren Rand des oberen Lungenflügels (Lungenlappens) durchbohrt (dieser bedeckte das Herz) und traf die vordere Fläche der linken Herzkammer einen Zentimeter weit von dem absteigenden Zweige der Kranzader. Die Herzkammer ist vollständig durchbohrt, denn die hintere Scheidewand dieser selben linken Herzkammer zeigte eine dreieckige Öffnung von ungefähr vier Millimeter Durchmesser.

Im Herzbeutel großer Erguß geronnenen Blutes.

Was nun Beschädigungen des Herzens betrifft, welche schon vor dem meuchlerischen Überfall bestehen konnten, so können wir darüber nichts sagen, da wir nicht ermächtigt waren, das Herz zu öffnen, um die Beschaffenheit der Klappen und Öffnungen zu constatieren. Dieses Organ schien seinem äußeren Ansehen nach normal mit Ausnahme einer leichten Verfettung.

(An dieser Stelle befindet sich eine von Dr. Sotier handschriftlich hinzugefügte Anmerkung: »Also kann von einer in Nauheim vorgefundenen linken Herzerweiterung nicht die Rede sein, denn in fünf Wochen Kur heilt keine Herzerweiterung, wie Professor Schott, Nauheim, im Berliner Tageblatt behauptet.«)

Ich fand diese Erklärung zu lang für ein Telegramm, auch hielt ich es für besser, Ihnen zu schreiben mit dem Ausdruck meines tiefsten Abscheus gegenüber dem Verbrechen, welches dem Leben Ihrer hohen Patientin ein so plötzliches Ende bereitet hat.

Empfangen Sie, sehr geehrter Herr College, die Versicherung meiner vollsten Hochachtung,

(gezeichnet) Dr. Golay«

(nach dem Attentat aus dem Französischen übertragen)

Der Leichnam von Kaiserin Elisabeth wurde im Hotel Beau Rivage aufgebahrt. Ida von Ferenczy legte einen Kranz von Veilchen, den Lieblingsblumen der Kaiserin, auf den Sarg, der mit einem Sonderzug am 15. September den Wiener Westbahnhof erreichte.

Franz Karl Ginzkey, ein österreichischer Dichter, der damals als Leutnant gemeinsam mit anderen Offizieren seiner Garnison zum Trauerempfang am Wiener Westbahnhof beordert worden war, hat in seinen Schriften eine lebhafte Schilderung des Ereignisses hinterlassen:

»Drei Tage nach der Ermordung Elisabeths in Genf erging an sämtliche Offiziere der Garnison Wien der Befehl, sich abends in Paradeadjustierung am Westbahnhof einzufinden. Es galt, der toten Monarchin bei ihrem Einzug in die Residenz den ehrenvollsten Empfang zu bereiten ... Jedem, der daran teilnahm, blieb das Bild wohl unvergeßlich. An die tausend Offiziere standen die Einfahrtshalle entlang, schweigend salutierend, als der Zug langsam und lautlos herankam. Es wehte etwas ergreifend Stilles, Eisiges über uns alle hin, es war nicht menschliche Tragik allein, es war Hauch eines Weltgeschehens, einer Erschütterung des Begriffs des Bisherigen, der, wie wir zu fühlen glaubten, Unabsehbares gebären konnte.

Der Zug war kaum zum Stehen gebracht, als das schweigende Bild sich veränderte. Lakaien sprangen ab, Türen rollten auf, es galt, den ganz unter Kränzen begrabenen Sarg hervorzuholen.

Und nun geschah, was keiner von uns Tausenden eine Sekunde vorher für möglich gehalten – die den Kränzen zunächst stehenden Offiziere bemühten sich, eine Blüte oder ein Blatt davon zur Erinnerung zu erhaschen, andere sahen es und drängten sich gleichfalls vor, und so mag es gekommen sein, daß in der weiteren Folge jede Ordnung und Ordnungsmöglichkeit verschwand; der wilde Knäuel durcheinanderwogender Männer wälzte sich zur Halle hinaus, auf den Platz vor dem Westbahnhof. Ich selbst trieb gleich den anderen machtlos im Strom dahin, ich hatte kaum ein Ziel vor

Augen und befand mich plötzlich, ich wußte nicht wieso, dicht hinter dem Leichenwagen der Kaiserin. Berittene Offiziere suchten Ordnung zu machen, es war jedoch bereits zu spät, der Trauerzug setzte sich in Bewegung: und ehe ich noch zur Besinnung gelangt war, sah ich mich rechts und links von mehrfachen Reihen berittener Leibgarden eingeschlossen, es gab keine Möglichkeit mehr, zu entrinnen, ich mußte, um nicht böses Aufsehen zu erregen, hinter dem Sarg der Kaiserin verbleiben.

Ich war mit dem gestrengen Wesen des Hofzeremoniells genügend vertraut, um die Unmöglichkeit meines Falles zu erfassen. Der Prunk und die Würde eines ganzen Hofes waren aufgeboten worden, um die tote Monarchin auf ihrem letzten Wege in die Burg zu begleiten, und ein kleiner, bürgerlicher Leutnant des 97. Infanterieregiments schritt als erster hinter dem Sarge, so nahe hinter ihm, daß er ihn mit ausgestreckter Hand hätte berühren können! Ich entsinne mich noch der vernichtenden Blicke der österreichischen und ungarischen Leibgarden, es waren durchwegs Stabsoffiziere, die mir unglückseligen Leutnantswurm am liebsten mit dem funkelnden Pallasch (eine Degenart) den Schädel eingeschlagen hätten. Und doch, es gab kein Entrinnen mehr, mir blieb in aller Zerknirschung nichts anderes übrig, als den ganzen langen Weg die Mariahilfer Straße entlang und über den Ring bis ans Äußere Burgtor hinter dem Sarge der Kaiserin zurückzulegen.

Es war schon dunkel geworden, die Nacht, aus sternenlosem Firmament niederstürzend, führte einen phantastischen Kampf mit den Gaslaternen, die, hoch aufzischend, als Fackeln brannten. Ganz Wien war zusammengeströmt in der langen Flucht der Mariahilfer Straße. Ich schritt durch eine unabsehbare Schlucht von Menschen, Gesicht an Gesicht war aufgetürmt bis über die Höhe der Dächer hinaus, vom wechselnden Licht gespenstisch überhuscht, ich sah zuletzt keinen einzelnen mehr. Die Masse war eins geworden, etwas Besonderes, etwas schweigend Erstarrtes, das Geschehnis Aufsaugendes, zuweilen wild Aufschluchzendes. In diesem Augenblicke, wer konnte es mir verwehren?, erblickte ich die Seele der Stadt mit dem Auge der toten Kaiserin. Tiefinnerstes wurde wesenhaft, Begriffe der Ewigkeit formten sich, alles irdisch Kleinliche verschwand, die groß gesinnte, oft so kindlich heitere, allem Milden und Schönen zugewandte Seele dieser Stadt begrüßte in dieser Stunde reingeklärter Tragik die heimgekehrte Tote wie eine Schwester. Jetzt waren sie einander ebenbürtig, die Seele Wiens und die stille, einsame Frau, die da mit dem Dolchstoß im Herzen den letzten erlösten Weg zur Ruhe ging. Und da ich es also zutiefst erkannte, verließ mich plötzlich auch das peinliche Gefühl, nicht würdig zu sein des Platzes, den ich eben einnahm. Alles Menschliche wurde eins, alle Grenzen wurden gelöst, der Augenblick gehörte dem Nichts und dem ewigen Sein zugleich, und siehe, nun schien auch mir, dem kleinen

Leutnant, Elisabeth, die Tote, gleich einer lieben Schwester.

Aus solcher Versunkenheit des Herzens fuhr ich plötzlich erschrocken auf. Ich wußte, der greise Monarch erwartete seine tote Gemahlin allein in der Burgkapelle.

Wann werde ich, fragte ich mich, den Augenblick finden, um diesem Wall von Pferden und Wächtern, der mich immer drohender einschloß, ohne Aufsehen zu entfliehen? Der Augenblick kam am Äußeren Burgtor. Dort stand auf dem ihm zugewiesenen Posten der Stadtkommandant von Wien, der gestrenge, allseits gefürchtete Oberst von Brasseur. Er ließ aus irgendeinem Grunde den Kondukt für einige Sekunden halten, und nun gelang es mir, mit wenigen Sprüngen zwischen den Pferden der Leibgardisten hindurch, mein kleines Leutnantsdasein ins Freie zu retten, in die dunklen Massen des Volkes hinein, die mich willig in sich aufnahmen und denen ich schließlich auch gehörte.

Das war mein kleines, wenn man will auch großes, Erlebnis an jenem Tage Mitte September 1898. Ich saß dann noch lange vor meiner Lampe in meiner Leutnantsbude in der Josefstadt und dachte: jetzt kniet der alte Kaiser allein am Sarge seiner Gattin, so einsam, als es ein Mensch auf Erden nur sein kann, und es schien mir gut, aus seiner schweigenden Not zu lernen, weit über das Leid des einzelnen hinaus, in das Leid der Welt herüber.«

Wenige Tage nach der letzten Heimfahrt der Kaiserin begleitete das Läuten aller Glocken Wiens, die von der Pummerin des Stefansdoms angeführt wurden, den Trauerkondukt durch die ganz in Schwarz gehüllte Stadt. Eine unübersehbare Anzahl von Menschen schritt hinter dem Sarg der Herrscherin, die es als Lebende nicht leiden mochte, daß ihr die Menge folgte. Kaiser Franz Joseph, der deutsche Kaiser Wilhelm, zahlreiche Monarchen oder deren Vertreter, achtzig Erzbischöfe und Bischöfe sowie Tausende von Untertanen nahmen Abschied von Elisabeth. Auf dem Sarg ruhten drei Funeralkronen (die Kaiserkrone Maria Theresias, die Krone der Königin von Ungarn und der österreichische Erzherzogshut), die Insignien des Sternkreuzordens, ein Paar langer, weißer Handschuhe und ein Fächer als letztes Symbol des Schutzes vor den Blicken der Welt.

Zurück blieb ein einsamer Kaiser, der schon zwei Kindern ins Grab nachgeschaut hatte und der nun die Gemahlin betrauerte, die ihm im Leben eine so unstete Begleiterin gewesen war und die er doch nie aufgehört hatte zu lieben: »Der gestrige Tag war für mich wieder ein besonders trauriger, da ich so vieles wiedersah, was mich schmerzlich, aber doch auch mit einer Art wehmüthiger Befriedigung an unsere theuere Verklärte erinnerte. In Ofen habe ich alle ihre (der Kaiserin) Zimmer im ersten Stocke und zu ebener Erde durchwandert. Es war Alles wie sonst zu ihrem Empfange bereit, jeder Gegenstand an seinem Platze, auch die Waage, auf welcher sie täglich ihr Gewicht messen ließ. Der neue Balkon mit der schönen Aussicht auf Pest und auf die Donau, der sie voriges Jahr so freute, war mit allen éléganten Meubeln geziert und doch Alles leer, ohne Leben und keine Hoffnung auf Wiedersehen in diesem Leben!« (Brief Kaiser Franz Josephs an Katharina Schratt aus Gödöllö vom 16. Oktober 1898)

Auch die Bevölkerung konnte sich nur schwer über den Verlust der Kaiserin hinwegtrösten, vor allem die Wiener Frauen fühlten sich durch die Tat, die an ihrer höchsten Geschlechtsgefährtin begangen worden war, schwer verletzt. Völlig aufgebracht reagierten sie darauf mit einem Brief an den Mörder, den sechzehntausend gleichgesinnte Frauen mitunterzeichneten und der einer gewissen Brutalität nicht entbehrt: »Mörder, Bestie, Ungeheuer, reißendes Tier, die Frauen und Mädchen Wiens seufzen danach, Dein furchtbares Verbrechen, das Du an unserer geliebten Kaiserin begangen hast, zu rächen. Weißt Du, reißendes Tier, was Du verdienst? Höre, Ungeheuer: wir wollen Dich auf einen Tisch legen – wir, die wir ein gutes Herz haben, wir könnten mit Vergnügen zuschauen, wie man Dir die beiden Arme und Füße abschnitte. Um Deine Schmerzen zu versüßen, würden wir Deine Wunden mit Essig waschen und sie dann mit Salz trocknen ... Sei verflucht während Deines ganzen Lebens, Elender, grausames Ungeheuer. Was Du ißt, das bekomme Dir nicht. Dein Körper möge Dir nur Schmerzen bereiten und Deine Augen geblendet werden. Und Du sollst leben in ewiger Finsternis. Das ist der heißeste Wunsch der Frauen und Mädchen von Wien ...« (zitiert in: Erik G. Wickenburg, Barock und Kaiserschmarrn. München 1961, S. 396 f.)

13

»Es ist ein Elend, wenn man so ... von den Launen einer Person abhängt!«
(Kaiser Franz Joseph über die Friseuse Elisabeths)

Über Hofdamen und Bedienstete der Kaiserin

Im Leben der Kaiserin spielten einige Damen eine außerordentlich wichtige Rolle. Es waren Damen, die sich im Hofdienst befanden und zu denen sie sich wie zu Freundinnen hingezogen fühlte. Bis auf eine Ausnahme – die Leibfriseuse Elisabeths, Franziska Feifalik war Österreicherin – war ihnen die ungarische Staatszugehörigkeit gemein (es handelte sich um die Damen von Ferenczy, Festetics, Mailáth und Sztáray), wenn man abermals davon absieht, daß die erste Hofdame der Kaiserin zwar den ungarischen Namen Esterházy führte, aber eine geborene Prinzessin Liechtenstein war und dem Klüngel der ungeliebten Schwiegermutter, Erzherzogin Sophie, entstammte.

Gräfin Sophie Esterházy war der knapp siebzehnjährigen Kaiserin bei ihrer Hochzeit als Erste Obersthofmeisterin zugeteilt worden. Sie war damals sechsundfünfzig Jahre alt und seit knapp zwanzig Jahren verwitwet. Ohne Nachkommenschaft und Ehemann alleine verblieben, widmete sie ihr Leben dem österreichischen Kaiserhaus, wo sie als hochrangige Hofdame ihren Dienst versah und als eine eifrige Verfechterin des Hofzeremoniells galt. Daß deshalb Konflikte mit der jungen Kaiserin vorprogrammiert waren, läßt sich leicht denken, und ihr Auskommen miteinander war von Anfang an als problematisch zu bezeichnen.

Als die Kaiserin ab den sechziger Jahren des 19. Jahrhunderts durch fortlaufendes Studium mit der ungarischen Sprache immer vertrauter wurde, wünschte sie, in ihrer näheren Umgebung eine Ungarin zu haben, mit der sie sich in deren Muttersprache unterhalten konnte. Sie beauftragte eine Gräfin Almássy mit der Suche nach einer passenden Gesellschafterin für sie, die der Kaiserin eine lange Liste mit Namen von etlichen hoffähigen Damen übermittelte.

Sehr spontan entschied sich Elisabeth für eine der wenigen, die dem niederen Adel entstammte und deshalb für den Hofdienst eigentlich nicht geeignet war. Die Kaiserin aber war von der Natürlichkeit und Frische der Ida von Ferenczy sofort so bezaubert, daß keine Hofregel der Welt ihr den Umgang mit ihr hätte verbieten können: »Im Herbst 1864 kam eine vierundzwanzigjährige Ungarin in die Hofburg, ein zurückhaltendes, schüchternes Mädchen vom Lande, ohne großen Namen oder wohlklingenden Titel. Die Hofleute konnten sich nicht erklären, wie ein einfaches Fräulein Ferenczy Zutritt zum Palast erhalten haben mochte, und Ida Ferenczy ... schien selber verwundert zu sein über den glücklichen Zufall, der sie aus dem Haus ihrer Eltern in Kecskemét in Südungarn in die bevorzugte Stellung einer Vorleserin (der Kaiserin) ... geführt hatte.« (Haslip, S. 197)

Neben ihrem Charme scheint für die Wahl Ida von Ferencys auch ihre Bekanntschaft mit den zwei von Elisabeth bevorzugten ungarischen Politikern ausschlaggebend gewesen zu sein: »(Dieses einfache Mädchen,) das infolge seiner bescheidenen Herkunft nicht Hofdame werden durfte, (war) mit den beiden führenden ungarischen Politikern jener Zeit befreundet, mit dem Rechtsanwalt Franz Deák und dem Grafen Julius Andrássy ...« (Haslip, S. 198)

Und in dieser Rolle als Freundin der beiden Politiker sollte sie in Hinkunft im Ausgleich mit Ungarn eine nicht unbedeutende Rolle als Vermittlerin zwischen den österreichisch-ungarischen Fronten spielen. Da die Kaiserin einen offiziellen Briefverkehr mit den beiden Männern weder wagen noch aus Schicklichkeitsgründen führen konnte, wurde die Adresse Ida von Ferenczys, die in einem Gebäude gegenüber des Reichskanzleitrakts der Hofburg wohnte, vor allem als geheimes Brieffach genutzt.

Wegen ihres niederen Geburtsadels durfte Ida von Ferenczy nicht zur Hofdame ernannt werden, weshalb man ihr »Umwegswürden« zukommen ließ und sie zunächst zur Brünner Stiftsdame machte, um ihr wenig später den Titel einer Vorleserin der Kaiserin zu verleihen. Sehr bald genoß Frau von Ferenczy das volle Vertrauen der Kaiserin, das ihr sogar mit dem Duwort belohnt wurde. Im Herzen Elisabeths scheint Ida von Ferenczy einen bevorzugten Platz eingenommen gehabt zu haben, da sie sie in ihrem Testament mit der höchsten Rente bedachte. Während die auch sehr geschätzte Gräfin Marie Festetics nach dem Tod der Kaiserin jährlich dreitausend Gulden (rund 360 000 Schilling) Pension erhielt, wurde Ida von Ferenczy als einzige mit viertausend Gulden (rund 480 000 Schilling) Pension belohnt und erhielt – ebenfalls als einzige – ein wertvolles Schmuckstück, ein Goldherz mit Edelsteinen in den ungarischen Farben.

Ab dem Jahr 1871 gehörte zum Gefolge der Kaiserin »... (die) neue Hofdame, Gräfin Marie Festetics, die auf Elisabeth einen noch stärkeren (politischen) Einfluß ausüben sollte als Ida Ferenczy (mit der sie vor allem die persönlichen Erlebnisse teilte). Wie Ida war sie mit Andrássy und Deák befreundet und hatte vornehmlich auf dem Lande gelebt, bis sie Hofdame der Erzherzogin Klotilde, der Gemahlin des Erzherzogs Joseph, geworden war. Aber trotz ihrer ländlichen Herkunft war Marie Festetics mit ihren zweiunddreißig Jahren weit mehr eine Frau von Welt als Ida, war klüger, kritischer, skeptischer – eine Frau also, die sich vermöge ihrer Stellung und Erziehung am österreichischen Hof behaupten konnte.

Elisabeth hatte sie in Budapest als Begleiterin der Erzherzogin Klotilde kennengelernt und war sofort be-

geistert von ihrer offenen, geistreichen Art, der jede
Kriecherei fernlag. Ausschlaggebender noch war, daß
Andrássy die Klugheit und geistige Selbständigkeit der
jungen Frau gerühmt hatte.« (Haslip, S. 262) Die Kaiserin hatte sich für die Gräfin Festetics als Gefolgsda-
me ebenfalls sehr spontan entschieden, worüber die
Auserwählte zunächst keine besondere Freude empfand. Sie konnte erst durch den Zuspruch des Grafen
Andrássy bewegt werden, das Amt einer Hofdame zu
bekleiden, das große Abhängigkeit von verschiedenen
Personen mit sich brachte.

Der Graf drängte sie letztlich sogar, sich dafür zu
entscheiden, da er damit zwei Damen seines Vertrau-
ens in der Nähe der Kaiserin wußte: »Ich (Andrássy)
würde Ihnen raten, unbedingt anzunehmen. Die Königin (Kaiserin Elisabeth als Königin von Ungarn) ist
klug, gut und rein. (Man schimpft) über sie, weil sie unser Vaterland liebt, und das (verzeiht man) ihr nie. Deswegen wird man auch Sie verfolgen, aber das macht
nichts. Sie können sogar der Königin wie dem Vaterland dienen, und es ist Ihre Pflicht, anzunehmen. Auch
Deák schrieb in diesem Sinne (offensichtlich in einem
Brief an Andrássy). Dazu kommt noch, daß man einen
solchen Antrag gar nicht zurückweisen kann.« (aus einer Tagebucheintragung der Gräfin Festetics vom 30.
Januar 1871)

Nach dem Tod der Kaiserin zogen sich die beiden
Damen, von Ferenczy und Gräfin Festetics, aus dem
Hofleben zurück und führten in Wien und Ungarn ein

bescheidenes gesellschaftliches Leben. ».... (Die Gräfin Festetics) bewohnt im Sommer ihr Schloß Söjtör in Ungarn und hat sich während ihres Winteraufenthaltes in Wien einen täglichen Nachmittagssalon erhalten, in welchen viele Menschen aus- und eingehen, denn sie hat viel Interessantes erlebt ... auch die Vorleserin der verewigten Kaiserin, Frau Ida von Ferenczy, ist für ihren Freundeskreis in der Villa Schleinitz, in welche sie sich ganz zurückgezogen und die eine Enklave des Schönbrunner Schloßgartens bildet, einen bestimmten Tag zu Hause. Sie hat das volle Vertrauen ihrer Monarchin besessen, und ihr Salon ist ein Museum mit Erinnerungen an die edle Allerhöchste Frau. So sehr der Name der Frau von Ferenczy bekannt ist, so wenig ist es ihre Persönlichkeit, denn sie hat sich in ihrer großen Bescheidenheit und Anspruchslosigkeit immer fern vom Weltgetriebe gehalten.« (Fritsche, S. 363 f.)

Zu den bevorzugten ungarischen Hofdamen der Kaiserin zählte auch die Gräfin Sarolta Mailáth, die aufgenommen worden war, weil eine gesunde und leistungsfähige Dame gesucht wurde, die in der Lage war, Elisabeth auf ihren ausgedehnten Fußmärschen zu begleiten. Ihr wurde im poetischen Tagebuch anläßlich eines Badeaufenthalts im Juli 1887 in Cromer, Norfolk in England sogar ein eigenes Gedicht (An Sarolta) gewidmet, das sich auf einen gemeinsam erlebten, peinlichen Vorfall bezieht. An einem heißen Nachmittag wechselten die beiden Damen, die sich unbeobachtet glaubten, an einem einsamen Strandstück ihre Kleider.

Erst später bemerkten sie einen durch die Meereswellen verdeckten Schwimmer, der ihnen beim Entkleiden wahrscheinlich zugesehen hatte, und die Unsicherheit darüber fand in folgendem Gedicht ihren Niederschlag:

»Lange hatten wir ergangen
Nachmittags uns an dem Strande,
Wo durch Cliffe aufgefangen,
Doppelt heiss die Sonne brannte.

Leider sind wir keine Engel;
Ist auch deine (Saroltas) *schöne Seele*
Frei von Makel, frei von Mängel,
Gibts doch, was den Leib oft quäle.

Keine Büsche, keine Sträuche,
Ja, kein Felsblock selbst zu finden,
Der zum Paravent gereiche,
Wenn wir sittsam hier verschwinden.

Ehe wir uns niederlassen,
Werfen wir besorgte Blicke
Auf die hohen Cliffterrassen,
Nach dem Strande weit zurücke.

Schrecklich! ach zu spät entdeckten
Wir errötend und mit Grauen,
Was die Wogen halb versteckten
Und doch deutlich war zu schauen.

Gibt der tückisch kühne Schwimmer
Preis der Welt, was er gesehen?
Wir zwei rühmen uns des nimmer,
Was heut' Nachmittag geschehen.«

Gräfin Sarolta Mailáth heiratete später Prinz Chlodwig
Hohenlohe, der im Generalstab gedient hatte und der
in erster Ehe mit einer Gräfin Franziska Esterházy verheiratet gewesen war.

Im Dezember 1894 begleitete Gräfin Irma Sztáray
erstmals und in der Würde einer »provisorischen Hofdame« die Kaiserin auf eine Reise, die über Triest nach
Algier führte. Bald eroberte sie sich die Sympathie der
Kaiserin und erhielt schon wenig später den Titel einer
regulären Hofdame. Eingang in die Geschichte erhielt
Gräfin Sztáray durch den traurigen Umstand, daß sie
die Kaiserin im September 1898 während ihres letzten
Spaziergangs begleitete und Zeugin des Mordes an ihr
wurde. Nach dem Tod der Kaiserin zog auch sie sich
aus dem gesellschaftlichen Leben zurück. »Auch Gräfin Irma Sztáray, welche die Kaiserin auf ihrer letzten
Reise in die Schweiz als Hofdame begleitete, lebt als
aufopfernde Tochter mit ihrer greisen Mutter, der verwitweten Gräfin Marie Sztáray, gebornen Gräfin
Török, in stiller Zurückgezogenheit in Wien und
bringt die Sommer in Sztára zu.« (Fritsche, S. 364)

Ausgenommen aus dem Kreis der adeligen Damen
um die Kaiserin war die Friseuse Franziska Feifalik, die
wegen ihrer hohen Kunst von Elisabeth sehr geschätzt

und wie eine Freundin behandelt wurde. Sie genoß das volle Vertrauen der Kaiserin und durfte sie manchmal, da sie dunkelhaarig, großgewachsen und schlank wie Elisabeth war und deren Gestik beherrschte, bei offiziellen Huldigungsauftritten »auf weite Sicht« – wie von Balkonen herab oder aus Wägen und von Schiffen – vertreten. Franziska Feifalik war als Tochter einer Hebamme geboren worden, erlernte den Beruf einer Friseurin und verdankte ihren geschickten Händen, daß sie bald am Theater die großen Schauspielerinnen der Zeit für die Bühne zurechtmachte. Sie erwarb sich innerhalb ihrer Zunft einen bedeutenden Namen, und die Kaiserin, die viel von ihr gehört hatte, engagierte sie nach einem kurzen Vorstellungsgespräch. Franziska Angerer/Roesler – zum Zeitpunkt ihrer Anstellung bei Hof war sie noch nicht verheiratet – arbeitete zur großen Zufriedenheit der Herrscherin, und als sie eines Tages den Handlungsreisenden Hugo Feifalik heiratete, wurde auch ihr Mann als persönlicher Sekretär der Kaiserin in den Hofdienst übernommen. Franziska Feifalik wurde zur Kammerfriseuse ernannt, erhielt im Laufe ihrer Dienstzeit den Titel einer Hofrätin und wurde gemeinsam mit ihrem Ehemann in den Freiherrenstand erhoben.

14

»Es ist ein wunderschönes Bild, die Gestalt vorzüglich und auch das in jugendlicherem Alter gedachte Gesicht ähnlich und mit sehr angenehmem Ausdrucke ...«

(Kaiser Franz Joseph über ein nach dem Tod
der Kaiserin gefertigtes Porträt von Julius Benczur)

Bilddokumente und Erinnerungsstücke

Obwohl die meisten Porträts und Fotografien der Kaiserin aus den sechziger und frühen siebziger Jahren des 19. Jahrhunderts stammen (später erlaubte Elisabeth wegen zunehmender Alterserscheinungen nicht mehr, Abbilder von sich zu schaffen), existieren zwei Bildzeugnisse, die aus ihren letzten Lebenstagen stammen und die gegen ihre Einwilligung geschaffen und vervielfältigt wurden.

Im Sommer 1898 hielt sich der Bildhauer Alfred Nossig zu Besuch in Riond-Bosson am Genfer See in der Villa des Klaviervirtuosen und späteren polnischen Staatspräsidenten Paderewski auf, von dem er eine Medaillonbildnis und eine Porträtbüste schuf. Jeden Tag nahm Nossig den Weg von seinem privaten Quartier zur Villa Paderewskis auf seinem Rad, wobei ihm einige Male eine Kutsche auffiel, in deren Inneren eine schöne Frau saß, die den Zenit ihres Lebens aber schon überschritten hatte. Der Anblick faszinierte das Künstlerauge, das bei jedem Treffen sein Modell ›abzutasten‹ suchte. Schon bald erfuhr der Bildhauer, daß es sich bei der Frau um die österreichische Kaiserin handelte, die ihr Gesicht ausnahmsweise nicht verhüllt trug, da sie sich in der Fremde unerkannt glaubte.

Nossig versuchte, sich bei den wenigen Begegnungen die Einzelheiten des Gesichtes einzuprägen. Auf kleinen mitgeführten Zetteln machte er zeichnerische Notizen und schuf daheim eine Wachsmaske. Die Arbeit war beinahe beendet, als sie die Nachricht von der Ermordung der Kaiserin unterbrach. Nossig eilte ins Hotel Beau Rivage und bat den Obersthofmeister der Kaiserin, eine Totenmaske abnehmen zu dürfen. Er wurde aber abgewiesen, da Kaiser Franz Joseph das in einem Telegramm strikt untersagt hatte. Der enttäuschte Künstler mischte sich unter die Trauergäste, die am Sarg des aufgebahrten Leichnams Abschied von Elisabeth nahmen. Nossig zog aus seiner Jacke die begonnene Wachsmaske hervor und vollendete sie rasch nach der Natur.

Sein Werk verhalf ihm binnen kurzem zu Ruhm und Ehre. Erzherzogin Maria Theresia, die dritte Gemahlin des Kaiserbruders Erzherzog Karl Ludwig, bestellte als eine der ersten einen Abguß der Maske. Viele Persönlichkeiten dieser Zeit folgten ihrem Beispiel und erstanden zahlreiche Kopien des Werkes, was die lebende Kaiserin gerne untersagt hätte, die den »Zukunftsseelen« – wie sie die nachfolgenden Generationen bezeichnete – jung und schön in Erinnerung bleiben wollte.

Kurz nach dem Tod Kaiserin Elisabeths wurde der akademische Maler Leopold Horowitz vom Kaiser beauftragt, ein Gemälde der verstorbenen Gemahlin anzufertigen. In der Hofburg wurde ihm ein eigenes Atelier eingerichtet. Kaiser Franz Joseph behielt sich das Recht vor, dem Künstler während der Arbeit beratend zur Seite zu stehen. Nach seinen Vorstellungen sollte er ein Werk schaffen, das Elisabeth so realistisch wie möglich, aber in Erinnerung an ihre frühe Schönheit, darstelle. Das Gemälde wurde zur vollsten Zufriedenheit des Kaisers ausgeführt.

Wenige Monate später erhielt auch der ungarische Maler Julius Benczur den Auftrag, ein Porträt der Kaiserin mit jugendlichen Zügen auszuführen: »Ich ... fuhr vor 2 Uhr zum Maler Benczur, um das Bild unserer theueren Verklärten zu sehen, welches er für Frau von Ferenczy in meinem Auftrage gemalt hat. Dasselbe ist sehr gelungen und jedenfalls das beste Portrait, welches von der Kaiserin gemalt wurde. Es ist ein wunderschönes Bild, die Gestalt vorzüglich und auch das in jugendlicherem Alter gedachte Gesicht ähnlich und mit sehr angenehmem Ausdrucke ...« (Brief Kaiser Franz Josephs an Katharina Schratt aus Ofen vom 23. Oktober 1899)

Wieso dieses Porträt später (auf jeden Fall vor 1914, also auch vor dem Tod Ida von Ferenczys, die erst in den zwanziger Jahren des 20. Jahrhunderts starb) –

nicht nur mit dem Einverständnis, sondern auf ausdrücklichen Wunsch Franz Josephs – seinen Besitzer wechselte, bleibt eines der vielen Geheimnisse der kaiserlichen (Alltags)Geschichte: »Von einem kleinen Korridor (im Palais Harrach auf der Freyung) führt eine Wendeltreppe zu der im zweiten Stockwerk gelegenen Gemäldegalerie, die bei großen Soireen immer geöffnet und den Gästen zugänglich war. In dem nach dem kleinen Gärtchen zu gelegenen Schreibzimmer sieht man das von Blumen und Blattpflanzen umgebene lebensgroße, von Horowitz gemalte Porträt der Kaiserin Elisabeth, das der Kaiser in zarter Aufmerksamkeit der Gräfin Harrach zum Geschenk gemacht hat.« (Fritsche, S. 172)

Zahlreiche Künstler folgten den Beispielen – mit oder ohne Auftrag –, die Züge der toten Kaiserin für die Ewigkeit festzuhalten. Stefan Schwarz, ein Professor der Kunstgewerbeschule in Wien, schuf eine Medaille der Kaiserin auf dem Totenbett. Vom selben Bildhauer stammt der Kopfteil der lebensgroßen Statue der Kaiserin, die sich bis heute in den Kaiserappartements im Amalientrakt der Hofburg befindet. Der originale Kopf war nach dem Ende des Zweiten Weltkriegs 1945 zertrümmert worden.

Das Kissen, auf dem die Tote im Hotel Beau Rivage geruht hatte, ist in der Kaiservilla in Bad Ischl ausgestellt. Auf ihm ist der Totenschein befestigt, der am 10. September 1898 von der schweizerischen Gemeindebehörde ausgestellt worden war.

210

In beinahe allen Lieblingsaufenthaltsorten Kaiserin
Elisabeths wurden nach ihrem Tod Erinnerungstafeln,
Statuen und Büsten in Auftrag gegeben und später an
stark frequentierten Plätzen postiert, um die zahlreichen Passanten auf den ehemals berühmten Gast aufmerksam zu machen, dem es zu Lebzeiten ein Greuel
gewesen war, »ausgestellt« zu werden.

Am 21. Mai 1899 faßten einige Damen eines ungarischen Frauenkomitees den Beschluß, der österreichischen Kaiserin und ungarischen Königin ein Denkmal
zu stiften, das in der Kapuzinergruft in Wien zwischen
ihrem Sarg und dem ihres Sohnes, des Kronprinzen
Rudolf, Platz finden sollte. Stifterinnen waren die
Palastdame Gräfin Josefine Téléky und Adele von
Emich. Die Bildhauerarbeit besorgte Georg Zala. Das
Original ist wahrscheinlich zerstört worden, vielleicht
sind auch nur Teile verlorengegangen. Von einer ursprünglichen Plastikengruppe besteht nur noch die
bronzene Marienfigur. Ein Gipsmodell, das in dem
Werk Erszébet Királyasszony Emlekenek, Budapest
1905 nach Seite 94 abgebildet ist, zeugt vom ursprünglichen Aussehen der Plastiken.

Das erste Erinnerungsmal an die verstorbene Monarchin setzte Kaiser Franz Joseph selbst. Schon am 17.
September 1898 gab er die Statue für den Kaiserin Eli-
sabeth-Orden und eine Elisabeth-Medaille in Auftrag.

Am 20. Mai 1901 nahm der Kaiser an der Enthüllung
des Kaiserin Elisabeth-Denkmals im Schloßpark von
Gödöllö teil, das der Bildhauer Josef Rona geschaffen

hatte. Die in Erz gegossene, verbronzte Figur stellt die ungarische Königin in einem Promenadenkostüm dar. Sie trägt einen Blumenstrauß in der einen Hand und ist mit der anderen auf einen Schirm gestützt. Nach Ende des Zweiten Weltkriegs wurde die Statue 1945 in einem Acker vergraben und erst 1964 wieder öffentlich aufgestellt.

Am 15. Juli 1898 war Kaiserin Elisabeth eine Stunde vor der Abreise nach Bad Nauheim durch die Straßen Salzburgs geeilt. Aus diesem Anlaß wurde dort am selben Tag des Jahres 1901 das vom akademischen Bildhauer Edmund Hellmer geschaffene Elisabeth-Denkmal feierlich der Öffentlichkeit übergeben. Für den Text auf der Sockelinschrift konnte die Dichterin Marie von Ebner-Eschenbach gewonnen werden. Im Beisein des Kaisers hielt sein jüngster Bruder, Erzherzog Ludwig Victor, der bei Salzburg auf Schloß Klesheim wohnte, die Ansprache. Ein einhundertvierzigköpfiger Chor brachte eine eigens für den Anlaß komponierte Hymne zur Uraufführung. Und wie es die lebende Kaiserin niemals gemocht hätte, sorgte ein streng aufgerolltes Zeremoniell für den reibungslosen Ablauf des Festes, an dem die regionale und überregionale Prominenz zahlreich teilnahm.

Am 4. Juni 1907 wurde ebenfalls in Anwesenheit des Kaisers das Elisabeth-Denkmal im Wiener Volksgarten neben der Hofburg, dem meistgehaßten Wohnort der Kaiserin, seiner Bestimmung übergeben. Die Kosten dafür beliefen sich auf 300 000 Kronen (mehr als 16,5

Millionen Schilling), die aus Spendengeldern finanziert worden waren. Das Denkmalkomitee war von dem Juwelier und Ordensfabrikanten Mayer und seinem Geschäftsnachbarn auf dem Stephansplatz, dem Inhaber des Nachtcafés »de l'Europe« gegründet worden. Die beiden Männer waren durch das Salzburger Beispiel angeregt worden, die Reichshauptstadt Wien um ein Erinnerungsmal an die Kaiserin zu bereichern. Erzherzogin Maria Josefa, die Mutter des späteren Kaisers Karl, übernahm die Schutzherrschaft des Projekts. Die Enthüllung selbst gestaltete sich abermals zu einem gesellschaftlichen Ereignis und erfreute sich eines regen Zulaufs.

Die kaiserliche Familie, die seit Generationen immer wieder Pilgerfahrten nach Mariazell unternahm, hatte dem Stift und der Kirche etliche wertvolle Geschenke übergeben, die in der dortigen Schatzkammer verwahrt wurden. Als Mariazell im Jahr 1857 das siebenhundertjährige Jubiläum seines Bestehens beging, nahmen Kaiser Franz Joseph und seine Gemahlin am 16. Juli als einfache Pilger kommend daran teil. Einen Tag später reiste das Kaiserpaar nach Ischl weiter und hinterließ zur Erinnerung an seinen Besuch ein mit Perlen und Seide reich besticktes Meßkleid aus rotem Samt und Goldbrokat. Eines der wertvollsten Geschenke hatte Kaiser Karl VI. dem Stift übergeben, als ihm nach acht Jahren kinderlosen Eheglücks und dem Tod eines kleinen Sohns die Tochter Maria Theresia geschenkt worden war. Er spendete eine aus Gold gefertigte Kindsstatue, die dasselbe Gewicht hatte wie die neugeborene Tochter.

Ein viel weniger wertvolles, aber dafür umso rührenderes Geschenk erhielt Mariazell kurz nach dem Tod der Kaiserin Elisabeth. Noch im Jahr 1898 wurden die in einem Glasherz verwahrten Locken der kleinen Erzherzogin Sophie, der ersten Tochter Kaiser Franz Josephs und seiner Gemahlin, die 1857 im Alter von zwei Jahren verstorben war, der Kirche zur Verwahrung übergeben.

Unweit von Mariazell, bei Mürzsteg in der Steiermark, befindet sich ein tosender Wasserfall, der vom »Toten Weib« herab in die Mürz stürzt. Die Sage erzählt von einem Landmann, der seine Frau dort aus Eifersucht von einem Felsen in die damals reichlich Wasser tragenden Fluten des Flusses stieß. Wie durch ein Wunder konnte sie sich retten, verbarg sich aber fortan in der Talenge der Mürz. Sie errichtete eine Klause, verbrachte ihre Tage als Einsiedlerin und verdiente sich ihren bescheidenen Lebensunterhalt, in dem sie heilsame Kräuter sammelte und an die Bauern der Umgebung verkaufte. Nicht weit davon befindet sich eine Stelle, wo bei einem Spazierritt das Pferd der Kaiserin Elisabeth mit einem Bein durch das Holz eines Stegs brach. Eine Tafel mit dem Bildnis des heiligen Georg und mit einem Vers aus der Feder der jüngsten Kaisertochter Marie Valerie erinnert an den Vorfall, dem Elisabeth mit dem Schrecken entkam.

»Zur Erinnerung an den 26. August 1883
Heil, Georg, Reitersmann,
Der vor Gefahr beschützen kann,
Der meine Mutter oft beschützt,
Wo keines Menschen Hilfe nützt.
Ich bitte dich mit Zuversicht,
Verweigre mir die Bitte nicht,
Beschütze stets das theure Leben,
Das mir das Licht der Welt gegeben.«

Eine Halskette mit herzförmigem Medaillon, das mit Brillanten, Smaragden und Rubinen besetzt war und das die Kaiserin am Tag des Unfalls um den Hals trug, opferte sie im Jahr 1884 der Gnadenmutter in Mariazell, wo es sich bis heute in der dortigen Schatzkammer befindet. Ihre Tochter, Erzherzogin Marie Valerie, spendete zur Erinnerung an den Tag ein Meßkleid in Goldbrokat und mit in Seide gestickten Alpenblumen.

Viele Erinnerungsstücke an die Kaiserin wurden von der ehemaligen Vorleserin der Kaiserin, Ida von Ferenczy, den Hofdamen der Kaiserin und von Erzherzogin Marie Valerie zusammengetragen, um in der Budapester Burg ein Königin Elisabeth-Gedenkmuseum ausstatten zu können, das am 15. Januar 1908 seiner Bestimmung übergeben wurde. Das Museum war ein Geschenk Kaiser Franz Josephs an die ungarische Nation, die seiner Gemahlin zu Lebzeiten soviel Liebe und Ehrerbietung entgegengebracht hatte. Darin waren neben Porträts, Skulpturen, Medaillen und privaten Schriftstücken der Kaiserin auch ein mit Edelsteinen und Gold verziertes Gebetbuch und eine silberne, mit 50 000 Dukaten gefüllte Kassette, ausgestellt, die die Stadt Budapest Elisabeth anläßlich der Krönung zur Königin von Ungarn am 8. Juni 1867 zum Geschenk gemacht hatte.

Den Höhepunkt der Ausstellung bildete das Kleid, das die Kaiserin am Tag des Attentats getragen hatte und an dem die Stelle zu erkennen ist, wo der dreieckige Dolch den Stoff durchstieß. Ein schwarzer Hut, ein Taschentuch und die Strümpfe vervollständigen das Ensemble. Der privaten Garderobe entstammen weiters ein schwarzer Roßhaarhut mit zwei Pompons, ein schwarzer Fächer, schwarze Handschuhe, schwarzgeränderte Taschentücher, ein schwarzes Glasperlenkollier mit Samtband, schwarze mit Glasperlen bestickte Schuhe, eine Reisetasche aus schwarzem Leder (mit der gekrönten Initiale »E«), in der die Kaiserin ihre privaten Schriften verwahrte und die sie stets mit sich führte, der ungarische Krönungsornat, ein schwarzer Strohhut mit Federn, den die Kaiserin bei einem Reitunfall im August 1875 in der Nähe von Schloß Sassetôt getragen hatte, ein geschliffener Glasbecher mit Deckel für Milch, die Möbel des ungarischen Bauernzimmers, das Kaiserin Elisabeth in der Meierei der Fasanerie des Schönbrunner Schloßparks hatte errichten lassen, sowie der vergoldete Schlüssel zum Bauernzimmer, Spielzeug des Kronprinzen Rudolf (Fahne, Trommel, kleines Gewehr und kleiner Säbel), das Damensattelzeug der Kaiserin und das Zaumzeug des Lieblingspferds Lord Waterford, Sporen, Reitgerten, die silberne Fleischbüchse im Lederfutteral, der dreifache Klappschlüssel des Ofener Burggartens sowie der Taster der elektrischen Glockenleitung (mit der Namensaufschrift Ferenczy), die das Zimmer der Kaiserin mit dem der Ida von Ferenczy verband.

Aus der Menge der Erinnerungsstücke (Gedenktafeln, Gedenksteine, Denkmäler, Büsten, Porträts, Kapellen und Kirchen) an Kaiserin Elisabeth sei noch ein letztes kurioses Stück herausgegriffen: ein ein Quadratzentimeter großes Gemälde, das der Maler Eduard Engel aus Wien im Jahr 1881 geschaffen hatte. Es stellt die Kaiserin zu Pferd dar, neben dem ein Windspiel läuft. Im Hintergrund sind Forsthäuser, eine Kirche und ein Schloß (wahrscheinlich Possenhofen) zu erkennen. Die Arbeit wurde mit feinsten Haarpinseln mit Wasser- und Gummifarben ausgeführt. Das Kunstwerk, das zu seiner Entstehungszeit viel Aufhebens bereitete, wurde der Öffentlichkeit in zahlreichen Ausstellungen zugänglich gemacht.

Beschlossen werden soll das Kapitel über die Erinnerungsstücke an die Kaiserin mit dem Nachruf der seelenverwandten Freundin Carmen Sylva, die 1901 eine Handvoll Edelweiß und ein Gedicht auf den Sarkophag Elisabeths legte. Vier Jahre später erschien in der »Neuen Freien Presse« ein von ihr verfaßter Artikel über die Verstorbene, die ihr so viel bedeutet hatte: »Es war alles groß an dieser Frau, ihr Gang, ihr Haar, ihre Gedanken, ihr Blick, der Klang der tiefen, weichen Stimme, die so verhalten war, als wären Wellen von Leidenschaft dahinter. Ich habe nie lesen mögen, was andere über sie geschrieben haben. Ich wollte meinen eigenen Eindruck von ihr ungestört behalten und meinen Schwarm nicht geschmälert haben durch anderer Leute Auffassungen.« (zitiert in: Ausstellungskatalog, S. 41)

Kurzbiographien

Den Familiennamen in alphabetischer Reihenfolge sind die Vornamen vorgestellt, bei Herrschern, Familienmitgliedern regierender Häuser, Erzherzogen und Helden der Geschichte gelten nur die Vornamen als Suchbehelf. Verheiratete Frauen sind unter Namen und Titel ihrer Ehemänner zu suchen. Weiters ist zu beachten, daß bei manchen Regentenfamilien (Bourbonen als Könige von Frankreich und als Könige beider Sizilien z. B.) die Familienmitglieder mitunter unter völlig anderen Namen und Titeln (wie Herzog von Alençon oder Graf von Caserta) laufen – Klärung schaffen die »Stammtafeln zur Geschichte der europäischen Staaten« (Bd. I. und II.) von Wilhelm Karl Prinz von Isenburg.

ACHILL(EUS), Held der griechischen Mythologie, Urenkel des Zeus, Sohn des Myrmidonenkönigs Peleus und der Nereide Thetis, seine Mutter macht ihn – mit Ausnahme der Ferse – unverwundbar, heldenhafter Teilnehmer am Trojanischen Krieg, in dem er von Paris getötet wird.

ALBRECHT, HERZOG VON WÜRTTEMBERG (1865–1939), Sohn Herzog Philipps von Württemberg und der Erzherzogin Maria Theresia von Österreich, heiratet 1893 Erzherzogin Margarete Sophie von Österreich.

ALFONS, GRAF VON CASERTA AUS DEM HAUS BOURBON-SIZILIEN (1841–1934), Sohn König Ferdinands II. beider Sizilien und der Erzherzogin Therese von Österreich, Bruder des Königs Franz II., verheiratet mit einer Cousine ersten Grades, Antonia, der Tochter des Grafen Franz Trapani (Bruder König Ferdinands II. von Sizilien) und der Maria Isabella von Toskana.

GYULA GRAF ANDRASSY (1823–1890), 1867–1871 ungarischer Ministerpräsident, 1871–1879 Minister des Äußeren, 1851 wegen Teilnahme am ungarischen Aufstand 1848/49 in Abwesenheit zum Tode verurteilt, 1857 amnestiert.

ANTONIA, GRÄFIN VON CASERTA AUS DEM HAUS BOURBON-SIZILIEN (1851–?), Gemahlin des Grafen Alfons von Caserta, eines Bruders des Königs Franz II. beider Sizilien.

APOLLO(N), griechischer Gott wahrscheinlich kleinasiatischer Herkunft, gilt als Sohn des Zeus und der Leto (einer Geliebten des Zeus), Zwillingsbruder der Artemis, er ist die Verkörperung des griechischen Ideals der strahlenden Schönheit, A. vertritt Recht, Ordnung und Frieden, er ist der Gott, in dessen Namen Schuld gesühnt wird.

GRAF APPONYI, um 1875 österreichischer Botschafter in Paris.

FREDERIC BARKER, Griechischlehrer (1892–1898) der Kaiserin Elisabeth, halb englischer, halb griechischer Herkunft.

JULIUS VON BENCZUR (1844–1920), ungarischer Porträtmaler, Schöpfer etlicher Porträts des Kronprinzen Rudolf, Kaiser Franz Josephs und der Kaiserin Elisabeth, Direktor der Meisterschule in Budapest.

JOHANN BERGL, Maler, ab etwa 1752–1783 in Wien tätig, Schöpfer zahlreicher Fresken in Schloß Schönbrunn.

ADAM BERZEVICZY DE BERZEVICZE ET KAKAS-LOMNITZ (1842–1924), Erster Stallmeister, General der Kavallerie, Oberststallmeister.

LUDWIG BÖSENDORFER (1835–1919), österreichischer

Klavierfabrikant, führt die 1828 von seinem Vater Ignaz B. gegründete Firma zu Weltruhm.

BOURBONEN, französische Regentenfamilie, deren Mitglieder bis heute die Könige von Spanien stellen und zeitweilig auch die Throne von Neapel-Sizilien und Parma-Piacenza innehatten.

CARL LUDWIG, ERZHERZOG VON ÖSTERREICH (1833–1896), Sohn Erzherzog Franz Karls und der Prinzessin Sophie von Bayern, Bruder Kaiser Franz Josephs, Vater des Erzherzog-Thronfolgers Franz Ferdinand, Begründer der letzten Regentenlinie aus dem Haus Österreich als Großvater Kaiser Karls I., heiratet in erster Ehe Prinzessin Margarete von Sachsen (1856), in zweiter Ehe (1858) Prinzessin Maria Annunziata von Sizilien und in dritter Ehe (1873) die Infantin Maria Theresia von Portugal.

CARL THEODOR, HERZOG IN BAYERN (1839–1909), Arzt, wegen der morganatischen Ehe seines ältesten Bruders und nach dem Tod seines Vaters Chef der Linie der Herzoge in Bayern, Sohn des Herzogs Max in Bayern und der Prinzessin Ludovika von Bayern, verheiratet in erster Ehe mit Prinzessin Sofie von Sachsen und in zweiter Ehe mit Marie Josefa von Portugal.

CARMEN SYLVA, siehe ELISABETH, KÖNIGIN VON RUMÄNIEN.

CAROL I. FÜRST (1866) VON RUMÄNIEN, 1881 KÖNIG, (1839–1914), Sohn des Fürsten Karl Anton von Hohenzollern-Sigmaringen und der Prinzessin Josefine von Baden, heiratet 1869 Prinzessin Elisabeth zu Wied.

CAMILLO BENSO GRAF VON CAVOUR (1810–1861), italienischer Staatsmann, ab 1848 politisch tätig, liberal-konservativer Politiker, 1852 sardinischer Ministerpräsident, Bündnis mit Frankreich (gegen Abtretung Savoyens mit Nizza) – sichert ihm den Erfolg im Sardinisch-Französisch-Österreichischen Krieg (1859), 1861 entsteht das italienische Parlament, Italien (ohne Rom) wird konstitutionelle Monarchie mit zentralistischer Verwaltung nach französischem Vorbild.

CONSTANTIN CHRISTOMANOS (1867/8?–1911), griechischer Vorleser der Kaiserin (1891/1892), Lektor der neugriechischen Sprache an der Universität in Wien, später zum Hofrat ernannt; Berühmtheit erlangt er durch die Herausgabe eines Buches, der »Tagebuchblätter«, in denen er über die zwei Jahre im Dienst der Kaiserin philosophiert, gründet um 1900 in Athen ein Theater, die »Neue Bühne«, und eine Theaterschule, Sohn von Anastasios Christomanos, eines Chemieprofessors an der Universität Athen, und der Tochter des bayrischen Arztes Lindermayer, des Leibarztes des Königs Otto von Griechenland.

CROMMELIN (gestorben 1886), Legationsrat, Begleiter des Grafen Alfred Pallavicini.

GEORGE WILLIAM FREDERICK VILLIERS, EARL OF CLARENDON (1800–1870), britischer Politiker und Diplomat, 1847–1852 Vizekönig von Irland, schlägt 1848 den irischen Aufstand nieder, 1853–1858, 1865–1866 und 1868–1870 Außenminister.

A. I. CUSA, moldauischer Oberst, erster gewählter Fürst der Moldau und der Walachei, ruft 1862 die Vereinigung der beiden Fürstentümer unter dem Namen Rumänien aus.

MADAME DARDELLE, ärztliche Helferin in der Todesstunde der Kaiserin Elisabeth.

DAVID, erster König von Israel-Juda (etwa 1000–970 v. Chr.), Gründer der judäischen Dynastie, er erobert mit List die Kanaanerstadt Jerusalem und errichtet aus den eroberten Gebieten der Kanaanäer ein Großreich, in der bildenden Kunst wird David als Vorfahre Christi in der Wurzel Jesse dargestellt.

FRANZ DEÁK (1803–1876), ungarischer Politiker, Führer der gemäßigten Reformer, im Reichstag Mitverfasser des liberalen Programms von 1847/48, 1848 Justizminister, danach Symbol des passiven Widerstands gegen Wien, mit der von ihm gegründeten gemäßigten Partei kommt es 1867 zum österreichisch-ungarischen Ausgleich.

WILHELM VON DODERER, deutscher Architekt, der Schloß Pelesch in Rumänien erbaut.

DUGRAIN, Leibarzt der Königin Marie von Frankreich, der Gemahlin König Ludwigs XV.

MARIE FREIFRAU VON EBNER-ESCHENBACH (1830–1916), österreichische Schriftstellerin, bedeutende Werke: »Dorf- und Schloßgeschichten« (1883, darin »Krambambuli«), »Neue Dorf- und Schloßgeschichten« (1886, darin »Er läßt die Hand küssen«).

EDUARD PRINZ VON WALES, als KÖNIG VON GROSSBRITANNIEN UND IRLAND (1901) EDUARD VII. (1841–1910), KAISER VON INDIEN, Sohn Herzog Alberts von Sachsen-Coburg-Gotha und der Königin Viktoria, heiratet 1863 Prinzessin Alexandra von Dänemark.

ELISABETH, KÖNIGIN VON RUMÄNIEN (1843–1916), Schriftstellerin (veröffentlicht ihre Werke unter dem Pseudonym Carmen Sylva), Tochter des Fürsten

Hermann zu Wied, heiratet 1869 Karl (damals) Fürst von Rumänien aus dem Haus Hohenzollern.

CHARLOTTE VON EMDEN-HEINE, Schwester Heinrich Heines.

MARIE SOPHIE GRÄFIN ESTERHAZY (1798–1869), Obersthofmeisterin der Kaiserin Elisabeth, Tochter Fürst Johanns I. von Liechtenstein und der Josefa Landgräfin zu Fürstenberg-Weitra, Gemahlin des Grafen Vinzenz Esterházy (1781–1835).

EUGÉNIE, KAISERIN DER FRANZOSEN (1826–1920), bedeutende politische Rolle, 1859, 1865 und 1870 Regentin, Tochter des spanischen Grafen Manuel Montijo, Herzogs von Peneranda, heiratet 1853 Kaiser Napoleon III. aus dem Haus Bonaparte.

EUGÉNIE, Riesin in einem Wanderzirkus.

MAX FALK (1828–1908), ungarischer Politiker, 1868–1906 Chefredakteur des »Pester Lloyd«, unterrichtet Kaiserin Elisabeth in ungarischer Literatur.

FRANZISKA FEIFALIK-ANGERER? oder -ROESLER? (1842–1911), Kammerfriseuse der Kaiserin Elisabeth, Hofrätin, gemeinsam mit ihrem Ehemann in den Freiherrenstand erhoben, heiratet 1866 den Handlungsreisenden Hugo Feifalik.

HUGO FEIFALIK (1834–1914), Sekretär der Kaiserin Elisabeth, Schatzmeister des Sternkreuzordens, in den Freiherrenstand erhoben, Ehemann der Franziska Feifalik-Angerer/Roesler.

IDA VON FERENCZY (1846–1928), ab 1864 Vorleserin der Kaiserin Elisabeth, Sternkreuzordensdame.

GRÄFIN MARIE FESTETICS VON TOLNA (1839–1923), Hofdame der Kaiserin Elisabeth, Sternkreuzordensdame.

PAUL FISCHER, k. k. Feldstabsarzt und Leibarzt Kaiser Franz Josephs.

FRANZ II. oder I., als FRANZ II. DEUTSCHER KAISER (1792), ab 1804 KAISER VON ÖSTERREICH als FRANZ I., (1768–1835), Sohn Kaiser Leopolds II. und der Infantin Maria Ludovika von Spanien, heiratet in erster Ehe Prinzessin Elisabeth Wilhelmine von Württemberg, in zweiter Ehe Prinzessin Marie Therese von Sizilien (bis auf eine Tochter aus erster Ehe, die einjährig verstirbt, stammt die zahlreiche Nachkommenschaft, acht Töchter und vier Söhne, aus dieser Ehe), in dritter Ehe Erzherzogin Marie Ludovika von Österreich-Modena und in vierter Ehe Prinzessin Karoline Auguste von Bayern.

FRANZ II., KÖNIG BEIDER SIZILIEN AUS DEM HAUS

BOURBON (1836–1894), Sohn König Ferdinands II. und der Erzherzogin Therese von Österreich, heiratet 1859 Marie Sophie, die Tochter des Herzogs Max in Bayern, eine Schwester der Kaiserin Elisabeth.

FRANZ JOSEPH I., KAISER VON ÖSTERREICH (ab 1848) AUS DEM GESCHLECHT DER HABSBURGER UND KÖNIG VON UNGARN, (1830–1916), Sohn Erzherzog Franz Karls und der Prinzessin Sophie von Bayern, Gemahl (ab 1854) der Prinzessin Elisabeth von Bayern und Vater der vier gemeinsamen Kinder Sophie (zweijährig gestorben), Gisela, Rudolf und Marie Valerie.

THERESE LANDGRÄFIN VON FÜRSTENBERG (1839–1920), Hofdame der Kaiserin Elisabeth, Sternkreuzordensdame.

GIUSEPPE GARIBALDI (1807–1882), italienischer Freiheitskämpfer und Politiker, kämpft 1848 beim Ausbruch der Revolution in Oberitalien gegen die Österreicher, unternimmt 1860 den »Zug der Tausend«, erobert Sizilien, wo er den Bourbonenkönig Franz II. stürzt.

MARIE GEISTINGER (1833–1903), österreichische Volksschauspielerin, Tragödien und Operettensängerin, 1869–1875 leitet sie gemeinsam mit Max Steiner das Theater an der Wien, 1881–1884 Tourneen durch Amerika.

FRANZ KARL GINZKEY (1871–1963), österreichischer Schriftsteller, verfaßt Heimatlyrik, Balladen und meist kulturgeschichtliche Romane oder Novellen.

GISELA, PRINZESSIN VON BAYERN (1856–1932), zweite Tochter Kaiser Franz Josephs und der Kaiserin Elisabeth, heiratet siebzehnjährig Prinz Leopold von Bayern, den zweiten Sohn des Prinzregenten Luitpold.

GOLAY, Genfer Arzt der Leichenbeschaukommission, der die Autopsie an der ermordeten Kaiserin Elisabeth durchführt.

JACQUES GONDOIN oder GONDOUIN (1737–1818), französischer Architekt, wahrscheinlich Schöpfer der Grünanlagen im Wiener Prater.

GRASSALKOWITSCH, Magnatengeschlecht; ANTON G. (1694–?), entstammt einer armen ungarischen Familie, sehr früh verwaist, kommt in ein Kloster, wird von Ordensleuten großgezogen, studiert und läßt sich später als Advokat in Preßburg nieder, heiratet 1734 Gräfin Christine Klobusitzky, die ein bedeutendes Vermögen in die Ehe miteinbringt, er läßt ein Palais in Preßburg und Schloß Gödöllö erbauen, wo er 1751 Kaiserin Maria Theresia als Gast begrüßen darf. Sein Sohn Anton wird 1784 durch Kaiser Josef

II. in den Reichsfürstenstand erhoben, und mit dessen Sohn Anton erlischt in der dritten Generation das Geschlecht.

THEOPHIL EDVARD FREIHERR VON HANSEN (1813–1891), dänischer Baumeister und Architekt, lange Zeit in Athen tätig, ab 1846 in Wien, wo er mit neoklassizistischen monumentalen Bauten den Ringstraßenstil mitbestimmt, bedeutende Werke: Musikvereinsgebäude, Börse und das Parlamentsgebäude.

PRINZEN VON HARCOURT, wahrscheinlich ein lothringisches Fürstengeschlecht.

GRÄFIN HARRACH = wahrscheinlich GRÄFIN ANNA HARRACH (1847–1934), Sternkreuzordensdame und Palastdame, geborene Prinzessin Lobkowitz, verheiratet seit 1869 mit Alfred Graf Harrach.

G. HARRIS, britischer Konsul in Venedig.

LOUIS HASSELRIIS (1844–1912), dänischer Bildhauer, Schöpfer von Denkmälern, Bildnisstatuen und des Heine-Grabmals auf dem Pariser Montmartre-Friedhof in Paris (1901).

»FRAU HEINE« = Pseudonym der Kaiserin Elisabeth.

HEINRICH (bis 1825 HARRY) HEINE (1799–1856), deutscher Dichter und Publizist, Sohn des Düsseldorfer Kaufmanns Samson Heine, der in orthodox-jüdischer Weise erzogen wird und sich 1825 – trotz seiner scharfen Kritik am Christentum – taufen läßt; ab den dreißiger Jahren Kontakt mit Karl Marx; romantischer, freigeistiger Dichter, der in seinen Schriften die Ideen der Französischen Revolution verherrlicht und stets als Religions- und Gesellschaftskritiker auftritt. Anläßlich eines Bundestagsdekrets werden 1835 seine Werke verboten.

HELENE, ERBPRINZESSIN VON THURN UND TAXIS (1834–1890), älteste Tochter Herzog Maximilians in Bayern und der Prinzessin Ludovika von Bayern, Schwester der Kaiserin Elisabeth, die – vor Elisabeth – Kaiser Franz Joseph als Braut zugedacht war, verheiratet sich 1858 mit Erbprinz Maximilian von Thurn und Taxis.

EDMUND VON HELLMER (1850–?), österreichischer Bildhauer.

HENRI, PRINZ VON ORLÉANS – wahrscheinlich der unverheiratet gebliebene Sohn (1867–1901) des Herzogs Robert von Chartres und dessen Cousine ersten Grades, Franziska, der Tochter des Herzogs Franz von Joinville aus dem Haus Bourbon-Sizilien.

HERMES, griechischer Gott des sicheren Geleits, Götterbote, Patron der Wanderer, Hirten, Kaufleute und Schelme, Sohn des Zeus und der Nymphe Maia. Das vielgesichtige Wesen dieses griechischen Gottes umfaßt eine Fülle von Funktionen, die sich aus zwei Komponenten entfalten: Schutz zu gewähren und Glück oder Gewinn zu bringen.

ERNST HERTER (1846–1917), deutscher Bildhauer, bedeutendes Werk: Statue des »Sterbenden Achill« auf Korfu (1882).

BELSAZAR HOCQUET, Laibacher Botanikprofessor, einer der ersten Besteiger des Großglockners.

GRÄFIN VON HOHENEMBS, häufig verwendetes Pseudonym der Kaiserin Elisabeth, wenn sie privat auf Reisen war, den Namen einer Gräfin von Hohenembs führte sie aber tatsächlich, er gehört zu den zahlreichen, wenn auch weniger bekannten Titeln der Habsburger Kaiser.

CONSTANTIN PRINZ HOHENLOHE-SCHILLINGSFÜRST (1828–1896), Hofmarschall und Flügeladjutant Kaiser Franz Josephs, Erster Obersthofmeister, Ritter des Goldenen Vlieses.

HOHENWART, Hofphysiker, Begleiter des Grafen Franz von Salm-Reifferscheid bei der Kleinglocknergipfelbesteigung, 1800 erreicht er die Großglocknerspitze (in 3797 Meter Höhe).

HORATSCH, Pfarrer aus Döllach im Mölltal, der 1800 an einer Großglocknerbesteigung teilnimmt, Begleiter Hohenwarts.

LEOPOLD HOROWITZ oder HOROVITZ (1838–1917), ungarischer Maler, der unter anderem drei Porträts von Kaiser Franz Joseph schafft.

IMRE (EMMERICH) GRAF HUNYADY (1827–1902), kaiserlicher Kämmerer, Oberstleutnant, Bruder der Gräfin Lili Hunyady.

KOLOMAN GRAF HUNYADY DE KETHELY (1830–1901), kaiserlicher Kämmerer, General der Kavallerie, Geheimer Rat.

LILI GRÄFIN HUNYADY (1836–1907), Hofdame der Kaiserin Elisabeth, Sternkreuzordensdame, vemählt sich 1871 mit Otto Freiherrn von Walterskirchen.

ERNST IHL, Apotheker in Bad Kissingen.

JANUARIA, GRÄFIN VON AQUILA AUS DEM HAUS BOURBON-SIZILIEN (1822–1901), im zitierten Brief wird sie fälschlicherweise als Schwiegermutter des Grafen von Caserta tituliert, sie war aber eine Tochter Kaiser Pedros I. von Brasilien und eine Tante Antonias, der Ehefrau des Grafen Alfons von Caserta, verheiratet (ab 1844) mit Ludwig, Graf von Aquila.

JEHOVA, abgeleitete Form von Jahwe (eigentlich nur von JHWH, da das Hebräische keine Vokale schreibt), dem hebräischen Namen des Gottes Israels.

JOHANN, ERZHERZOG VON ÖSTERREICH (1782–1859), 1848/49 Reichsverweser, Sohn Kaiser Leopolds II. und der Infantin Maria Ludovika von Spanien, Bruder des Kaisers Franz II. (I.), Rousseau-Anhänger mit liberalen Neigungen, tritt für den liberalen Nationalgedanken ein und fördert Kunst und Wissenschaft, Landwirt, Forstmann, Weinbauer und Jäger, volkstümlich wird er durch seine Heirat 1827 mit der bürgerlichen Anna Marie, der Tochter des Postmeisters Plochl aus Bad Aussee in der Steiermark, Familiensitz wurde der Brandhof in der Steiermark, die Nachkommen führen den Titel der Grafen von Meran.

JOSEF II., DEUTSCHER KAISER, KÖNIG VON UNGARN UND BÖHMEN (1741–1790), Aufklärergeist, Vertreter des modernen Naturrechts, er erstrebt einen zentralistischen österreichischen Gesamtstaat deutscher Staatssprache, Förderer des Schul-, Bildungs- und Gesundheitswesens, der Rechtspflege (Abschaffung der Folter) und der Bauernbefreiung, ältester Sohn Kaiser Franz' I. und der Kaiserin Maria-Theresia, verheiratet in erster Ehe (1760) mit Prinzessin Maria Isabella von Parma, in zweiter Ehe (1765) mit Prinzessin Maria Josefa von Bayern.

JOSEF, ERZHERZOG VON ÖSTERREICH (1833–1905), Sohn des Erzherzogs Josef aus dessen dritter Ehe mit Prinzessin Marie von Württemberg, Bruder des Erzherzogs Stephan, des Palatins von Ungarn, verheiratet mit Prinzessin Klotilde von Sachsen-Coburg-Gotha (ab 1864).

KARL I., KAISER VON ÖSTERREICH UND KÖNIG VON UNGARN (1887–1922), Sohn Erzherzog Ottos und der Prinzessin Maria Josefa von Sachsen, Großneffe Kaiser Franz Josephs, heiratet 1911 Prinzessin Zita von Bourbon-Parma.

KARL VI., DEUTSCHER KAISER, KÖNIG VON UNGARN, SPANIEN (1703–1711) UND BÖHMEN (1685–1740), 1703 zum König von Spanien ausgerufen (als Karl III.), muß aber, nachdem er die Kaiserwürde erlangt, den Bourbonen Philipp V. als König von Spanien anerkennen, erwirbt nach Beendigung des Spanischen Erbfolgekriegs die spanischen Niederlande, die Lombardei, Neapel und Sizilien, muß in den Friedensschlüssen nach dem Polnischen Thronfolgekrieg (1735–1738) und im Frieden von Belgrad

(1739) auf einen Großteil seiner Erwerbungen verzichten, Sohn Kaiser Leopolds I. aus dessen dritter Ehe mit Eleonore Magdalene von der Pfalz, Vater der Kaiserin Maria Theresia, heiratet 1708 Elisabeth Christine von Braunschweig-Wolfenbüttel.

KARL ANTON, FÜRST (1848) VON HOHENZOLLERN-SIGMARINGEN (1811–1885), Sohn des Fürsten Karl und der Antoinette Murat, heiratet 1834 Prinzessin Josefine von Baden.

KATHARINA II., KAISERIN/ZARIN VON RUSSLAND (1729–1796), eigentlich SOFIE AUGUSTE FRIEDERIKE VON ANHALT-ZERBST, Regentin nach dem Sturz und der Ermordung ihres Ehemanns, Tochter des Fürsten Christian August von Anhalt-Zerbst, heiratet 1763 Kaiser/Zaren Peter III. von Rußland, einen geborenen Prinzen Karl Peter Ulrich von Holstein-Gottorp.

JOSEF KERZL (1841–1919), Leibarzt Kaiser Franz Josephs, Geheimer Rat, 1914 in den Ritterstand erhoben.

ANTON KISS DE ITTEBE (1880–?), 1911 zum Baron ernannt, Diplomat, Sohn der Katharina Schratt.

GUSTAV KLIMT (1862–1918), österreichischer Maler und Zeichner, Porträtist, bedeutendster Vertreter des Wiener Jugendstils, Mitbegründer der Wiener Secession, die er 1897–1905 leitete, Schöpfer mosaikartiger Bilder, Lehrer von Oskar Kokoschka und Egon Schiele.

KLOTILDE, ERZHERZOGIN VON ÖSTERREICH (1846–1927), Tochter des Prinzen August von Sachsen-Coburg-Gotha und der Prinzessin Klementine, einer Tochter des Königs Ludwig Philipp I. von Frankreich, verheiratet mit Erzherzog Josef von Österreich (ab 1864).

GEORG KOLBE (1877–1947), deutscher Bildhauer, sein Hauptanliegen gilt der (weiblichen) Aktfigur und der Bronzeplastik in schwingender Bewegung.

FRANZ KORNKE, Pfarrer von Heiligenblut in der Mitte des 19. Jahrhunderts.

FRANZ KROPF, Zitherspieler und -pädagoge, Lehrer der Kaiserin Elisabeth in Wien.

MARIE GRÄFIN LARISCH-WALLERSEE (1858–1940), bis zum Tod des Kronprinzen Rudolf Lieblingsnichte der Kaiserin Elisabeth, wegen ihrer Hilfestellung in der Liebesgeschichte zwischen ihm und der Baronesse Mary Vetsera später vom Hof verbannt, dreimal verheiratet und dreimal geschieden, davon in erster Ehe mit einem Grafen Larisch, in zweiter Ehe mit einem bayrischen Opernsänger und in dritter Ehe mit einem Amerikaner.

JOSEF LATOUR VON THURMBURG (1820–1903), Feldmarschalleutnant, Erzieher des Kronprinzen Rudolf.

LEROI, französischer Haarkünstler und Leibfriseur der Kaiserin Eugénie.

CARL LINGER (1831–1911), Beamter des kaiserlichen Hofkontrolloramtes, Regierungsrat.

FRANZ VON LISZT (1811–1886), ungarisch-deutscher Pianist und Komponist, Schüler Salieris, lebt 1835–1839 mit der Gräfin Marie d'Agoult zusammen, mit der er drei Kinder, darunter die Tochter Cosima (spätere Ehefrau des Dirigenten von Bülow und des Komponisten Richard Wagner), hat, ab 1848 Hofkapellmeister in Weimar und Lebensgefährte der Fürstin Caroline von Sayn-Wittgenstein, ab 1861 in Rom, wo er die niederen Weihen erhält und zum Abbé ernannt wird, Schöpfer von zahlreichen Sinfonien, Oratorien sowie von Orgel- und Klavierkonzerten.

PAULINE LUCCA (1841–?), österreichische Opernsängerin.

LUIGI LUCCHENI (gestorben 1910, Selbstmord), Mörder der Kaiserin Elisabeth, die er am 10. September

1889 mit einer zugeschliffenen Dreikantfeile er-
sticht.

LUDWIG II., KÖNIG VON BAYERN (1845–1886, ertrun-
ken/ermordet?), während seiner Regentschaft werden zahlreiche Schlösser errichtet (Neuschwanstein,
Hohenschwangau, Herrenchiemsee), Mäzen Richard Wagners, Sohn König Maximilians II. und der
Prinzessin Marie von Preussen, kurze Zeit verlobt
mit einer Schwester der Kaiserin Elisabeth, Marie
Sophie, der späteren Herzogin von Alençon, fällt
1886 in geistige Umnachtung.

LUDWIG XV., KÖNIG VON FRANKREICH (1710–1774),
Sohn des Dauphin Ludwig und der Prinzessin Marie
Adelheid von Sardinien, heiratet 1725 Maria Lesz-
czynska, die Tochter des Königs Stanislaus I. von
Polen.

LUDWIG VICTOR, ERZHERZOG VON ÖSTERREICH (1842–
1919), Sohn Erzherzog Franz Carls und der Prinzessin Sophie von Bayern, jüngster Bruder Kaiser Franz
Josephs.

LUDWIG WILHELM, HERZOG IN BAYERN (1831–1920),
Sohn des Herzogs Max in Bayern und der Prinzessin
Ludovika von Bayern, ältester Bruder der Kaiserin
Elisabeth, heiratet 1859 in erster, morganatischer
Ehe die Schauspielerin Henriette Mendel (ab 1859

Freifrau von Wallersee) – aus dieser Ehe stammt die Tochter Marie, die Lieblingsnichte der Kaiserin Elisabeth und spätere Gräfin Larisch, in zweiter Ehe heiratet Herzog Ludwig Wilhelm 1892 die bürgerliche Antonie Barth (ab 1892 von Bartolf), von der er 1913 geschieden wird.

MARIE EDME PATRICE MAURICE COMTE DE MAC MAHON, ab 1859 HERZOG VON MAGENTA (1808–1893), ab 1859 französischer Marschall und Politiker, nimmt als General am Krimkrieg teil, kämpft 1859 gegen Österreich, gerät im Deutsch-Französischen Krieg nach der Kapitulation von Sedan in Gefangenschaft, 1871 schlägt er die Pariser Kommune nieder und wird dadurch zum Symbol der konservativen Ordnung, 1873 zweiter Präsident der Dritten Republik, scheitert an der Uneinigkeit der Rechten und am Widerstand der radikalen Republikaner, tritt 1879 zurück.

JOHANN GRAF MAILÁTH (1786–1855), deutscher Geschichtsschreiber, ertränkt sich 1855 gemeinsam mit seiner Tochter.

SAROLTA GRÄFIN MAILÁTH VON SKEKHELY (1856–1928), Hofdame, Sternkreuzordensdame und Palastdame, verheiratete Prinzessin zu Hohenlohe-Waldenburg-Schillingsfürst.

Aufgebahrter Sarg der Kaiserin in der Chapelle Ardente in Genf im September 1898.

Einholung des Leichnams der Kaiserin am 14. September 1898 (Ansicht auf das Hotel Beau Rivage).

28 Leichenzug in Genf.

29 (links) Gräfin Marie Festetics (im Bildvordergrund) und Ida von Ferenczy auf Ese reitend. – 30 (rechts) Ida von Ferenczy, die Vorleserin der Kaiserin (im Jahr 1885).

1 (links) Die Hofdame der Kaiserin, Gräfin Irma Sztáray (nach 1898). – 32–33 (Mitte und rechts) Zwei Ansichten des Kaiserin Elisabeth-Denkmals in Salzburg (1901).

4 Enthüllungsfeier des Kaiserin Elisabeth-Denkmals in Salzburg am 15. Juli 1901 (etwa in der Bildmitte im Profil Kaiser Franz Joseph, links von ihm neben einer Fahnenstange stehend mit dem Gesicht zum Betrachter Erzherzog Ludwig Victor, der jüngste Bruder Kaiser Franz Josephs, der die Festrede hielt.

35 Abfahrt Kaiser Franz Josephs nach dem Festakt in Salzburg, neben ihm der salutierende Erzherzog Ludwig Victor.

36 (links) Ansicht der Enthüllung des Kaiserin Elisabeth-Denkmals in Wien im Volksgarten mit dem Angang der Festgemeinde. – 37 (rechts) Der König und die Königi (Carmen Sylva) von Rumänien im Jahr 1906.

CONSTANTIN MANO, Schriftsteller, Griechischlehrer der Kaiserin Elisabeth (1891).

HERTA MARETSCHEK, Wiener Schneiderin, die für Kaiserin Elisabeth Haus und Unterwäsche fertigt.

MARGARETE SOPHIE, HERZOGIN VON WÜRTTEMBERG (1870–1902), Tochter Erzherzog Carl Ludwigs, eines Bruders Kaiser Franz Josephs, und der Prinzessin Maria Annunziata von Sizilien, Schwester des Erzherzog-Thronfolgers Franz Ferdinand, heiratet 1893 Herzog Albrecht von Württemberg.

MARIA JOSEFA, ERZHERZOGIN VON ÖSTERREICH (1867–1944), Tochter König Georgs von Sachsen und der Infantin Maria Anna von Portugal, Mutter des nachmaligen Kaisers Karl I., heiratet 1886 Erzherzog Otto von Österreich.

MARIA JOSEFA, HERZOGIN IN BAYERN (1857–1909), Tochter des Exkönigs Michael von Portugal (1828 Regent, erklärt sich zum König, verliert aber noch im selben Jahr den Thron und leistet 1834 den Verzicht) aus dem Haus Braganza und der Prinzessin Adelheid von Löwenstein-Wertheim-Rosenberg, heiratet 1874 Herzog Carl Theodor in Bayern.

MARIA THERESIA, KAISERIN, KÖNIGIN VON BÖHMEN UND UNGARN (1717–1780), älteste Tochter Kaiser

Karls VI. und der Prinzessin Elisabeth Christine von Braunschweig-Wolfenbüttel, Ururgroßmutter Kaiser Franz Josephs, Gemahlin von Kaiser Franz I. Stephan (von Lothringen).

MARIA THERESIA, ERZHERZOGIN VON ÖSTERREICH (1855–1944), ranghöchste Erzherzogin, die an der Seite Kaiser Franz Josephs bei offiziellen Anlässen, an denen Elisabeth nicht teilnimmt, die Kaiserin vertritt, Tochter des Exkönigs Michael von Portugal (1828 Regent, erklärt sich im selben Jahr zum König, verliert noch im selben Jahr den Thron und leistet 1834 den Verzicht) aus dem Haus Braganza und der Prinzessin Adelheid von Löwenstein-Wertheim-Rosenberg, heiratet 1873 Erzherzog Carl Ludwig, einen Bruder Kaiser Franz Josephs.

MARIE, KÖNIGIN VON FRANKREICH (1703–1768), Tochter des polnischen Wahlkönigs (1710 und 1733) Stanislaus I. Leszczynski, heiratet 1725 König Ludwig XV. von Frankreich.

MARIE, PRINZESSIN VON RUMÄNIEN (1870–1874), Tochter König Carols I. und der Prinzessin Elisabeth zu Wied, die im Alter von vier Jahren verstirbt.

MARIE SOPHIE, KÖNIGIN BEIDER SIZILIEN (1841–1925), Tochter des Herzogs Max in Bayern und der Prinzessin Ludovika von Bayern, jüngere Schwester der

Kaiserin Elisabeth, heiratet 1859 König Franz II. beider Sizilien aus dem Hause Bourbon, der 1861 den Thron verliert, im Zuge der Kapitulation ihres Ehemanns tritt sie als mutige Kämpferin gegen die Truppen Garibaldis, die Gaëta einnehmen, auf, weshalb sie in die Geschichte als »Heldin von Gaëta« eingeht.

MARIE VALERIE, ERZHERZOGIN VON ÖSTERREICH (1868–1924), jüngste Tochter von Kaiser Franz Joseph und Kaiserin Elisabeth, heiratet 1890 Erzherzog Franz Salvator aus der toskanischen Linie der Habsburger.

FRANZ VON MATSCH (1861–?), österreichischer Maler und Bildhauer, malt gemeinsam mit Gustav Klimt Bilder für Schloß Pelesch in Rumänien, Schöpfer von Deckengemälden in der Villa Hermes in Lainz (1883) und eines Bildes (»Der triumphierende Achill«) für Korfu (1892).

MAURO C. MARINAKIS, griechischer Vorleser von Kaiserin Elisabeth (1896).

MAXIMILIAN, HERZOG IN BAYERN (1808–1888), als Jüngling hochbegabter sprachlich gewandter Zögling eines Benediktinerinternats, interessierter Student der Klassik, der Musik und der Malerei, Amateurtheaterspieler, vielfältige Studien an den Universitäten in Landshut und München (Geschichte, Kirchengeschichte, Länder- und Völkerkunde, deutsches Bundesrecht und Physik), unter einem Pseudonym schriftstellerisch tätig (Novellen, Theaterstücke, Gedichte), Sohn des Herzogs Pius und der Prinzessin Amalie von Arenberg, heiratet 1828 Ludovika, die Tochter König Maximilians I. von Bayern.

MAYER, österreichischer Ordensfabrikant.

FELIX MENDELSSOHN BARTHOLDY (1809–1847), deutscher Komponist, tritt ab seinem neunten Lebensjahr als Pianist auf, komponiert ab seinem elften Lebensjahr, 1833–1835 Städtischer Musikdirektor in Düsseldorf, 1842 Preussischer Generalmusikdirektor, bedeutende Werke: Ouvertüre zu Shakespeares »Ein Sommernachtstraum«, zahlreiche Orchesterwerke, Vertonungen zu Gedichten von Heinrich Heine.

GRAFEN VON MERAN (Nachkommen Erzherzog Johanns aus der Ehe mit der bürgerlichen Anna Plochl): Franz Graf M., Freiherr von Brandhofen (1839–1891), Ritter des Goldenen Vlieses.

ALEXANDER M. MERCATI, Griechischlehrer der Kaiserin Elisabeth.

BARON MERTENS, um 1858 Statthalter von Triest.

JOHANN GEORG METZGER – eigentlich MEZGER (1828–1909), berühmter Massagearzt seiner Zeit, der in Deutschland, in den Niederlanden und in Frankreich praktiziert.

WILLIAM GEORGE »BAY« MIDDLETON (1892 tödlich verunglückt), englischer Offizier, ab 1876 Jagdbegleiter der Kaiserin Elisabeth während ihrer England- und Irlandaufenthalte, stirbt 1892 bei einem Reitunfall.

MILLIE UND CHRISTINE, siamesische Zwillinge aus Amerika, die als Sängerinnen Karriere machen.

AXEL MARTIN FREDERIK MUNTHE (1857–1949), schwedischer Modearzt von europäischen Königen und amerikanischen Millionären, der in Paris und Rom praktiziert, als Schriftsteller macht er sich mit dem autobiographischen Werk »Das Buch von San Michele« (1931) einen Namen.

NAPOLEON III., KAISER DER FRANZOSEN (1808–1873), Sohn König Ludwigs von Holland (aus dem Haus Bonaparte) und der Hortense Beauharnais, Neffe Napoleons I., wächst nach 1815 im schweizerischen und deutschen Exil auf, 1832 nach dem Tod des Herzogs von Reichstadt, Napoleons II., (aus der Ehe

Napoleons I. mit Erzherzogin Marie Luise von Österreich) ist er nächster Thronprätendent aus der Dynastie Bonaparte, unternimmt 1836 und 1840 Putschversuche (zu dieser Zeit regiert ein König aus dem Haus Orléans), wird zu lebenslanger Haft verurteilt, aus der er 1846 nach London flieht, empfiehlt sich während des Revolutionsjahres 1848 als »Retter der Gesellschaft« (Karl Marx) und verspricht den Abbau der sozialen Gegensätze und eine Politik der festen Hand, wird noch im selben Jahr zum Präsidenten gewählt, 1852 wird er als erblicher Kaiser bestätigt, im Krimkrieg (1853/54–1856) erhebt er Frankreich zur Großmacht, fordert den Ausbau der französischen Kolonien in Nordafrika und Südostasien, scheitert aber mit seinem Plan des mexikanischen Kaiserreichs unter dem österreichischen Erzherzog (Ferdinand) Maximilian, einem Bruder Kaiser Franz Josephs, die Niederlage des französischen Heeres bei Sedan im Krieg gegen Preussen zerstört die Legitimationsbasis seiner Herrschaft, Napoleon III. gerät in Preussische Kriegsgefangenschaft und lebt ab 1871 im britischen Exil.

NASR-ED-DIN, SCHAH (1848) VON PERSIEN (1831–1896 ermordet), aus der Dynastie der Kadscharen, Verfasser von Reisetagebüchern.

FRANZ FREIHERR VON NOPCSA (1815–1904), Obersthofmeister der Kaiserin Elisabeth, Kämmerer, Geheimer Rat.

ODYSSEUS, Held der griechischen Mythologie, König der Insel Ithaka, Sohn des Laertes und der Antiklea, Gemahl der Penelope, Vater des Telemachos, als ehemaliger Freier der Helena zur Teilnahme am Trojanischen Krieg verpflichtet, zieht nach anfänglichem Sträuben mit zwölf Schiffen gegen Troja, wo er nicht nur durch Tapferkeit, sondern durch Klugheit und List, mitunter auch Skrupellosigkeit und Tücke hervorragt, seine Ratschläge führen schließlich zur Einnahme der Stadt, im Verlauf der zehn Jahre dauernden Heimfahrt, die den Gegenstand von Homers Odyssee bildet, wird O. über das ganze Mittelmeer verschlagen und muß mit seiner Flotte die gefährlichsten Abenteuer bestehen.

OTTO I., KÖNIG VON BAYERN (1848–1916), Sohn König Maximilians II. von Bayern und der Prinzessin Marie von Preussen, ab 1872 geistig umnachtet, die Regentschaft für ihn führen sein Onkel Luitpold, der »Prinzregent« (bis 1912), und sein Vetter Ludwig, der ab 1913 als Ludwig III. selbst regiert.

IGNACY JAN PADEREWSKI (1860–1941), polnischer Pianist, Komponist (eine Oper und Klavierwerke) und Politiker, Studium der Musik in Warschau, Berlin und Wien (1878–1886), Konzertreisen in Europa und in den Vereinigten Staaten von Amerika, tritt als Vertreter des Polnischen Nationalkomitees, der damaligen Exilregierung, 1917/18 erfolgreich für die Wiedererrichtung eines unabhängigen Polen ein, 1919 polnischer Ministerpräsident und Außenminister, 1920/21 Vertreter Polens beim Völkerbund, 1940/41 Vorsitzender des polnischen Exilparlaments.

ALEXIS E. PALI (oder PALLIS), griechischer Vorleser der Kaiserin (1894), später königlich-griechischer Sekretär im Ministerium des Äußeren.

ALFRED GRAF PALLAVICINI (geboren wahrscheinlich 1848–1886), Großglocknerbesteiger.

IRENE GRÄFIN PAUMGARTEN, (1839–?), Spiritistin, Freundin der Kaiserin Elisabeth aus Jugendtagen.

HENNY PEICZ, Cousine der Gräfin Marie Larisch-Wallersee.

JOHANN PETZMAYER, Zitherspieler und -lehrer im Dienst des Herzogs Max in Bayern.

PHILIPP II. AUGUST, KÖNIG VON FRANKREICH (1165–1223), Sohn König Ludwigs VII. und der Alix von Champagne, verheiratet in erster Ehe (1180) mit Isabella von Flandern, in zweiter Ehe (1190) mit Ingeborg von Dänemark und in dritter Ehe (1200) mit Agnes von Meran.

ALPHONS SERAPHIN FÜRST VON PORCIA (1801–?), kaiserlich österreichischer Reichsrat.

GEORG RAAB (1821–1885), österreichischer Maler.

RUDOLF RAIMANN, seit seinem siebenten Lebensjahr als Pianist tätig, später Kapellmeister an der Josephstadt.

ELISE RENZ, Tochter des Ernst Jakob Renz, Kunstreiterin, Reitlehrerin der Kaiserin Elisabeth.

ERNST JAKOB RENZ, Besitzer eines Zirkus, der in Wien im zweiten Bezirk seinen Sitz hatte, die heutige Zirkusgasse erinnert an den ursprünglichen Standort.

RHOUSSOS RHOUSSOPOULOS, Professor an der Orientalischen Handelsakademie in Budapest, Lehrer der griechischen Sprache im Dienst der Kaiserin Elisabeth (1889–1891), Sohn eines griechischen Universitätsprofessors für klassische Archäologie und einer Göttingerin englischer Herkunft.

JOHANNES ROMANOS, Historiker aus Korfu, Griechischlehrer der Kaiserin Elisabeth.

JOSEF RONA (1861–?), ungarischer Bildhauer.

PETER ROSEGGER (1843–1918), österreichischer Schriftsteller, entstammt ärmlichen bäuerlichen Verhältnissen, Autodidakt, bedeutende Werke: »Jakob der Letzte« und »Als ich noch der Waldbauernbub war« (autobiographisch).

MONSIGNORE HYACINT JEAN RONAY (1814–1918), Hofgeistlicher und Erzieher der Erzherzogin Marie Valérie, Bischof und Professor der Theologie.

JULIE BARONIN ROTHSCHILD, Freundin der Kaiserin Elisabeth, die sie an ihrem vorletzten Lebenstag besucht.

SALOMON ALBERT BARON ROTHSCHILD, Direktor des gleichnamigen Wiener Bankhauses, jüngster Sohn des Anselm Salomon und der Charlotte de Rothschild, Bruder der Julie.

RUDOLF, KRONPRINZ VON ÖSTERREICH (1858–1889), Freidenker und Liberalist, anonym als Journalist am liberalen »Neuen Wiener Tagblatt« tätig, wo er politische Geheimnisse aus der Umgebung des Kaisers preisgibt, weshalb er in der Folge von den Regierungsgeschäften ferngehalten wird, Reiseschriftsteller und Herausgeber des 24bändigen Werks »Österreich-Ungarn in Wort und Bild«, einziger Sohn Kaiser Franz Josephs und der Kaiserin Elisabeth, heiratet 1881 Prinzessin Stefanie von Belgien, die Tochter König Leopolds II., begeht 1889 gemeinsam mit der 1871 geborenen Baronesse Mary Vetsera unter bis heute nicht restlos geklärten Umständen Selbstmord.

RUDOLF, PRINZ VON LIECHTENSTEIN (1838–1908), Flügeladjutant Kaiser Franz Josephs, General der Kavallerie, Oberststallmeister (1891) und Erster Obersthofmeister (1896), Ritter des Goldenen Vlieses, Sohn des Prinzen Karl von und zu Liechtenstein und der Gräfin Franziska Wrbna-Freudenthal.

RUSTIMO, Negerzwerg im Gefolge der Kaiserin Elisabeth und deren Tochter Erzherzogin Marie Valerie, später Kammeransager am Hof, erlernter Buchbinder, ab 1891 in der Versorgungsanstalt in Ybbs an der Donau, wo er ein Jahr später verstirbt.

SÄXINGER, Hofexpedient des kaiserlichen Hofs in Wien.

FRANZ GRAF VON SALM-REIFFERSCHEID, Bischof von Klagenfurt, der 1799 den Kleinglocknergipfel (auf 3387 Meter Höhe) erreicht.

FELIX SCHLAGINTWEIT, Kurarzt in Bad Brückenau.

SIDONIE SCHMIDL, erste Großglocknergipfelstürmerin.

KATHARINA SCHRATT (1853–1940), österreichische Schauspielerin, ab 1850 an Heinrich Laubes Wiener Stadttheater beschäftigt, 1883 als jugendliche Naive am Burgtheater, über die Vermittlung von Kaiserin Elisabeth wird sie zur Gesellschafterin und Vorleserin Kaiser Franz Josephs bestellt, 1887 zur »Hofschauspielerin« ernannt.

ROBERT SCHUMANN (1810–1856), deutscher Komponist, heiratet 1840 die Tochter seines Klavierlehrers, Clara Wieck, 1844 Chorleiter in Dresden, 1850 Städtischer Musikdirektor in Düsseldorf, 1854 Ausbruch einer schweren Gemütskrankheit, infolge derer er in eine Heilanstalt überwiesen wird, Schöpfer zahlreicher Lieder (u. a. Vertonungen nach Gedichten von Heinrich Heine), Sinfonien und Sonaten.

STEPHAN SCHWARZ (1851–1924), Bildhauer und Medailleur.

SEEBURGER, kaiserlicher Leibarzt.

WILLIAM SHAKESPEARE (1564–1616), englischer Dichter und Dramatiker, Sohn eines Handschuhmachers, heiratet 1582 die Landwirtstochter Anne Hathaway, spätestens ab 1594 Schauspieler, Stückeschreiber und Teilhaber der Theatertruppe »Chamberlain's

Men« (ab 1603 »King's Men«), bedeutende Werke: »Der Widerspenstigen Zähmung«, »Richard III.«, »Romeo und Julia«, »Ein Sommernachtstraum«, »Julius Cäsar«, »Hamlet«, »Othello« usf.

SIMON GEORG BARON SINA (1810–1876), Abkömmling einer griechischen Familie, die in Wien Fuß faßt, bald größter Bankier Ungarns, tatkräftiger Förderer kultureller und sozialer Unternehmungen, wird 1832 für seine Verdienste um die Staatsfinanzen und nach dem Erwerb der ungarischen Herrschaften Kizdia und Hodos vom Kaiser in den Adelsstand erhoben.

SOPHIE, ERZHERZOGIN VON ÖSTERREICH (1805–1872), Mutter Kaiser Franz Josephs, Tochter König Maximilians I. von Bayern und der Karoline von Baden, heiratet 1824 Erzherzog Franz Carl, einen Bruder Kaiser Ferdinands I. (des Gütigen).

SOPHIE, ERZHERZOGIN VON ÖSTERREICH (1855–1857), erste Tochter Kaiser Franz Josephs und der Kaiserin Elisabeth, die im Alter von zwei Jahren verstirbt.

SOPHIE, HERZOGIN VON ALENÇON (1847–1897), Tochter des Herzogs Max in Bayern und der Prinzessin Ludovika von Bayern, Schwester der Kaiserin Elisabeth, kurzzeitig Verlobte König Ludwigs II. von Bayern, heiratet 1868 Herzog Ferdinand von Alençon.

ALFRED SOTIER (gestorben 1902), königlich bayrischer Brunnenarzt in Bad Kissingen.

LORD JOHN PAYNTH, 4. ODER 5. EARL OF SPENCER, VISCOUNT ALTHORP, Gastgeber zahlreicher Reitveranstaltungen in Großbritannien, an denen Kaiserin Elisabeth teilnimmt, Vorfahre der Lady Diana Spencer, verehelichte Fürstin von Wales.

STEFANIE, KRONPRINZESSIN VON ÖSTERREICH (1864–1945), Tochter König Leopolds II. der Belgier und der Erzherzogin Marie Henriette von Österreich, ab 1881 Ehefrau des Kronprinzen Rudolf, heiratet 1900 in zweiter Ehe ohne die Zustimmung ihrer Eltern Graf (ab 1917 Fürst) Elemér von Lónyay de Nagy-Lónya, weshalb sie von der belgischen Königsfamilie verstoßen wird.

SWEARS & WELLS, englische Firma für Seidenstrümpfe.

JANOS DE SZAAK, Angehöriger eines ungarischen Magnatengeschlechts, Retter der Kaiserin Elisabeth.

IRMA GRÄFIN SZTARAY DE SZTARA UND NAGY-MIHALY (1864–1940), Hofdame der Kaiserin Elisabeth, Sternkreuzordensdame.

NIKOLAUS H. THERMOJANNIS, Jurist, Griechischlehrer der Kaiserin Elisabeth (1888).

THETIS, in der griechischen Mythologie die schönste der Nereiden (Töchter des Nereus, hilfreiche anmutige Meerjungfrauen im Gefolge Poseidons), um deren Gunst Zeus und Poseidon werben, von Peleus Mutter des Achilles.

THUN-HOHENSTEIN, böhmische Familie mit Sitz in Tetschen, wo prachtvolle Blumen gezüchtet werden.

BARBARA UBRYK, Abkömmling einer vornehmen polnischen Familie.

ANTON UMLAUF, Wiener Hofgartendirektor, der den Park des Achilleons auf Korfu gestaltet.

VIKTORIA, KÖNIGIN VON GROSSBRITANNIEN UND IRLAND AUS DEM HAUS SACHSEN-COBURG-GOTHA, ab 1876 KAISERIN VON INDIEN (1819–1901), ihre Regierungsepoche ist geprägt von höchster politischer Machtentfaltung und einer Blüte der Wirtschaft, aber auch von kultureller Verflachung und Prüderie, Tochter des Herzogs Eduard von Kent und der Viktoria von Sachsen-Saalfeld, heiratet 1840 Herzog Albert von Sachsen-Coburg-Gotha.

RICHARD WAGNER (1813–1883), deutscher Komponist,

ab 1837 Beschäftigung mit der ersten großen Oper »Rienzi«, wofür er auch das Libretto verfaßte (Uraufführung 1842 in Dresden), 1864 beruft König Ludwig II. von Bayern den völlig verschuldeten Wagner nach München und finanziert seine weitere Kompositionstätigkeit, bedeutende Werke: »Der fliegende Holländer«, »Die Meistersinger«, »Tristan und Isolde«, »Ring des Nibelungen«, 1870 heiratet er Cosima von Bülow, die Tochter Franz Liszts, die in erster Ehe mit Hans Guido Freiherren von Bülow, einem Wagner-Dirigenten, verheiratet war.

HENRIETTE WALLERSEE (1833–1891), geborene Henriette Mendel, eine Schauspielerin, die durch ihre Ehe (1859) mit dem ältesten Bruder der Kaiserin Elisabeth, Herzog Ludwig Wilhelm in Bayern, in den Freiherrenstand erhoben wird, ihre Tochter ist die spätere Gräfin Marie Larisch(-Wallersee), die Lieblingsnichte der Kaiserin Elisabeth.

HERMANN WIDERHOFER (1832–1901), kaiserlicher Leibarzt, Professor, 1890 in den Freiherrenstand erhoben.

JOHANN (HANNS) GRAF WILCZEK (1837–1922), Kämmerer, Geheimer Rat, Ehrenbürger der Stadt Wien, Ritter des Goldenen Vlieses, enger Vertrauter der Kaiserin Elisabeth.

WILHELM I., ab 1871 DEUTSCHER KAISER und ab 1861 KÖNIG VON PREUSSEN (1797–1888), folgt seinem Bruder König Friedrich Wilhelm IV. im Amt, dessen Ehe mit Prinzessin Elisabeth von Bayern (einer Tante der Kaiserin Elisabeth) kinderlos geblieben war, zweiter Sohn König Friedrich Wilhelms III. und der Prinzessin Luise von Mecklenburg-Strelitz, heiratet 1829 Prinzessin Auguste von Sachsen-Weimar.

WILHELM – in manchen Stammbäumen auch HERMANN – FÜRST ZU WIED (1845–1907), verheiratet sich 1871 mit Prinzessin Marie von Nassau.

W. J. E. WILSON (1809–1884), Sir, britischer Dermatologe.

WINDSOR, Familienname der Mitglieder des regierenden englischen Königshauses.

WITTELSBACH, bayrisches Herrscherhaus, das von 1180 bis 1918 regierte, 1805 Erhalt der Königswürde, eine Nebenlinie stellen die Herzoge in Bayern dar, deren erster Chef der Urgroßvater der Kaiserin Elisabeth, Herzog Wilhelm (1752–1837), war.

GEORG ZALA (1858–1937), ungarischer Bildhauer, Schüler Edmund Hellmers in Wien.

NIKOLAUS ZELLNER (1854–1924), Inspektor der kaiserlichen Villa in Bad Ischl.

CARL MICHAEL ZIEHRER (1843–1922), österreichischer Komponist.

Quellen und Literatur

Haus-, Hof- und Staatsarchiv Wien (verschiedene Korrespondenzen), zwei *Privatarchive*.

Ausstellungskatalog Elisabeth von Österreich. Einsamkeit, Macht und Freiheit. Wien 1987.

Reinhold *Baumstark* (Hg.), Wittelsbach. Kurfürsten im Reich – Könige von Bayern. Vier Kapitel aus der Geschichte des Hauses Wittelsbach im 18. und 19. Jahrhundert. München 1993.

Jean *de Bourgoing* (Hg.), Briefe Kaiser Franz Josephs an Frau Katharina Schratt. Wien 1949.

Egon Caesar Conte *Corti*, Elisabeth. Graz, Wien, Köln 1994 (1934).

Victor *von Fritsche*, Bilder aus dem österreichischen Hof- und Gesellschaftsleben. Wien 1914.

Brigitte *Hamann*, Elisabeth. Kaiserin wider Willen. Wien 1981.

dies. (Hg.), Meine liebe, gute Freundin! Die Briefe Kaiser Franz Josephs an Katharina Schratt. Wien 1992.

dies. (Hg.), Die Habsburger. Ein biographisches Lexikon. Wien 1988.

dies. (Hg.), Kaiserin Elisabeth. Das poetische Tagebuch. Wien 1984.

Joan *Haslip*, Sissi. Kaiserin von Österreich. München 1966/1994.

Verena *von der Heyden-Rynsch* (Hg.), Elisabeth von Österreich. Tagebuchblätter von Constantin Christomanos (mit Beiträgen von E. M. Ciran und anderen). München 1983.

Wilhelm Karl Prinz *von Isenburg*, Stammtafeln zur Geschichte der europäischen Staaten. Bd. I. und II. Marburg 1953.

Robert *Koenig*, Deutsche Litteraturgeschichte. Bielefeld und Leipzig 1887.

Hans *Leicht* (Hg.), Ein Harem in Bismarcks Reich. Das ergötzliche Reisetagebuch des Nasreddin Schah. Stuttgart 1975.

Axel *Munthe*, Das Buch von San Michele. München 1987.

Hans und Marga *Rall*, Die Wittelsbacher in Lebensbildern. Graz, Wien, Köln 1986.

Georg *Nostitz-Rieneck*, Briefe Kaiser Franz Josephs an

Kaiserin Elisabeth 1859–1898. 2 Bde. Wien, München 1966.

Maria Freiin *von Wallersee(-Larisch)*, Meine Vergangenheit. Wahrheit über Kaiser Franz Joseph/Schratt. Kaiserin Elisabeth/Andrássy. Kronprinz Rudolf/Vetschera (sic). Berlin 1913.

dies. (= Wallersee II), Kaiserin Elisabeth und ich. Leipzig 1935.

Count (Hanns) *Wilczek*, Gentleman of Vienna. Reminiscences edited by his daughter Elizabeth Countess Kinsky. New York 1934. (Das deutsche Original wurde von der Nationalbibliothek nicht zur Entlehnung freigegeben, weshalb es sich bei der zitierten Textstelle um eine Übersetzung aus dem Englischen handelt.)

Konrad *Wurzbach*, Biographisches Lexikon des Kaiserthums Österreich. 60 Bände. Wien 1868; sowie andere biographische Nachschlagewerke, Künstlerlexika und Enzyklopädien.

Dank

Herzlichen Dank Herrn Dr. Peter Parenzan, dem wissenschaftlichen Leiter der Silberkammer der Wiener Hofburg, den Mitarbeitern der Wiener Nationalbibliothek (vor allem den Herrn Steindl und Tobias), der Porträtsammlung der Nationalbibliothek (wo die immer freundliche Frau Jagos wirkt), der Grazer Landesbibliothek (besonderen Dank Herrn Stangl) und des Österreichischen Statistischen Zentralamts sowie Herrn Dr. Franz Dirnberger vom Haus-, Hof- und Staatsarchiv in Wien.

Eine innige Umarmung geht wie immer an meine Freundin Helga Ermacora, ohne deren Vermittlung die »private Habsburger-Bibliothek« nicht zustande gekommen wäre.

Gabriele Praschl-Bichler

Register

A
Albrecht, Herzog von Württemberg 91
Alençon, Herzog von 121
Alfons, Fürst von Porcia 103
Alfons, Graf von Caserta 61
Almássy, Gräfin 198
Andrássy, Gyula Graf 112, 117, 123, 199ff.
Angerer/Roesler, Franziska siehe Feifalik, Franziska
Antonia, Gräfin von Caserta 61
Apponyi, Graf 147

B
Barker, Frederic 159
Benczur, Julius von 207, 209
Bergl, Johann 21
Berzeviczy, Adam de 42
Boishébert, Jean Joseph des Champs de 143f.
Bösendorfer, Ludwig 92
Brasseur, Oberst von 192

C
Carito, Raffaele 113
Carl Ludwig, Erzherzog 134, 208
Carl Theodor (Bruder Kaiserin Elisabeths), Herzog in Bayern 61, 98
Carol I., König von Rumänien 133
Cavour, Camillo 109
Chlodwig, Prinz Hohenlohe 204
Christomanos, Constantin 23, 38, 40, 42, 44, 46, 65, 75f., 96, 113, 130f. 137f., 159
Clarendon, Earl of 110
Combemere, Lord 127
Crommelin, Legationsrat 104
Cusa, A. I., General 133

D
Dardelle, Madame 183
Déak, Franz 112, 123, 199ff.

Diana, Lady Spencer, Fürstin
  von Wales 69
Doderer, Wilhelm von,
  Architekt 133
Dugrain 54

E
Ebner-Eschenbach, Marie
  von 212
Eduard VII., König von
  England 124
Elisabeth, Königin von
  Rumänien 129ff., 133, 135,
  217
Emden-Heine, Charlotte
  von, Schwester Heinrich
  Heines 94, 135
Emich, Adele von 211
Engel, Eduard 217
Esterházy, Franziska Gräfin
  204
Esterházy, Marie Sophie
  Gräfin 20, 197
Eugénie, Kaiserin von Frank-
  reich 43f., 49ff., 98
Eugenie, Riesin 172

F
Falk, Max 158
Feifalik, Franziska 11, 36ff.,
  41ff., 47, 49, 81, 138, 197,
  204f.
Feifalik, Hugo 37, 138, 146,
  204f.
Ferenczy, Ida von 11, 38, 80,
  98ff., 158, 164, 188, 197ff.,
  201ff., 209, 215, 217

Festetics, Graf 72
Festetics, Marie Gräfin 11,
  38, 127, 155, 163, 169,
  197, 200ff.
Fischer, Dr. Paul 77
Franz Ferdinand, Erzherzog-
  Thronfolger 91
Franz II. (I.), deutscher,
  später österreichischer
  Kaiser 132
Franz II., König von Neapel
  61
Franz Joseph I., Kaiser (fort-
  laufend)
Fürstenberg, Therese Land-
  gräfin 129

G
Garibaldi, Giuseppe 109
Geistinger, Marie 37
Ginzkey, Franz Karl 188
Gisela (Tochter Kaiserin
  Elisabeths), Prinzessin von
  Bayern 93, 101, 112, 131,
  149
Golay, Dr. 185ff.
Gondoin, Gartenbauarchi-
  tekt 143
Gra(e?)ciano, Prinzessin 75
Grassalkovitsch, Anton 119

H
Hansen, Theophil 92
Harcourt, Prinz von 143
Harrach, Gräfin 210
Harris, G., britischer Konsul
  110

Hasselriis, Louis 93, 95
Heine, Heinrich 14, 89f.,
   93ff., 102, 135, 159, 160,
   164, 177
Helene (Schwester Kaiserin
   Elisabeths, »Néné«), Erb-
   prinzessin von Thurn und
   Taxis 16, 25
Hellmer, Edmund 212
Herter, Bildhauer 113, 161
Hocquet, Belsazar 103
Hohenwart, Hofphysiker 103
Horatsch, Pfarrer 103
Horowitz, Leopold 209f.
Hunyady, Imre Graf 111f.
Hunyady, Koloman Graf 105
Hunyady, Lili 111

I
Ihl, Ernst 85f.

J
Januaria, Tochter des Kaisers
   Pedro von Brasilien 61
Johann, Erzherzog 104, 132
Josef II., Kaiser 158, 170
Joseph, Erzherzog 200

K
Karl VI., Kaiser 213
Karl, österreichischer Kaiser
   111, 213
Karl Anton, Fürst von
   Hohenzollern-Sigmarin-
   gen 133
Katharina II., Zarin von Ruß-
   land 158

Kerzl, Dr. Josef 77, 80ff.,
   84
Klimt, Gustav 133
Klotilde, Erzherzogin 200
Kolbe, Georg, Bildhauer 94
Konstantin, Prinz zu Hohen-
   lohe-Schillingfürst 146
Kornke, Franz 108
Kropf, Franz 91

L
Larisch-Wallersee, Marie
   Gräfin 25, 29f., 44f., 51,
   54, 56, 93, 97ff., 123f.,
   139, 163ff.
Latour, Josef, Generalmajor
   173
Leroi, französischer Haar-
   künstler 43f.
Linger, Karl 144ff.
Liszt, Franz 91
Lucca, Pauline 37
Luccheni, Luigi 32, 184
Ludwig II., König von
   Bayern 31, 120, 164, 169
Ludwig XV., König von
   Frankreich 54
Ludwig Victor, Erzherzog
   212
Ludwig Wilhelm, Herzog in
   Bayern 29

M
MacMahon, Marie
   Edme Patrice Maurice
   Maréchal Comte 153f.
Mailáth, Johann Graf 158

Mailáth, Sarolta Gräfin 11, 132, 197, 202, 204
Mano, Constantin 159
Maretschek, Herta 30f.
Margarethe Sophie, Erzherzogin 91
Maria Josefa, Erzherzogin 213
Maria Josefa, Tochter des Exkönigs Miguel von Portugal, Herzogin in Bayern 61, 213
Maria Theresia, deutsche Kaiserin 118, 170, 213
Maria Theresia, Erzherzogin 208
Marie von Nassau, Prinzessin 133
Marie, Tochter Elisabeths von Rumänien 131
Marie (Leszczynska), Königin von Frankreich 54
Marie Sophie (Schwester Kaiserin Elisabeths), Königin von Neapel 47, 56, 121
Marie Valerie siehe Valerie
Marinaki, Dr. M. C. 159
Matsch, Franz 133
Mauconduits et d'Estonville, Familie 143
Max, Herzog in Bayern 68, 76, 89ff., 120
Mayer, Juwelier 213
Mercati, Alexander L. 159
Mertens, Baron 47
Metzger, Johann Georg, Professor 72, 128f., 136

Middleton, William George »Bay« 56f., 69ff., 127
Miguel, Exkönig von Portugal 61
Millie und Christine, siames. Zwillingspaar 173
Munthe, Axel 136

N
Napoleon III., Kaiser von Frankreich 43, 49ff.
Nasr-ed-din, Schah von Persien 34ff.
Nopcsa, Franz Freiherr von 146, 151, 153
Nossig, Alfred 207f.

O
Otto, Kronprinz, später König von Bayern 165, 169

P
Paderewski, Ignacy Jan, polnischer Staatspräsident 207
Pali, Alexis E. 159
Pallavicini, Alfred Graf 104
Patti, Adelina 178
Paumgarten, Irene Gräfin 161
Peicz, Henny 99
Pernhart, Marcus 104
Perquer, Albert 144f.
Petzmayer, Johann 91
Philipp II. August, König von Frankreich 143
Plochl, Anna 132

R

Raimann, Rudolf, Kapellmeister 91
Renz, Elise, Kunstreiterin 68f.
Renz, Ernst Jakob 69
Rhoussopoulos, Dr. Rhousso 159
Romanos, Professor 159
Rona, Josef 211
Ronay, Hyacint Jean, Hofgeistlicher 148
Rosegger, Peter 18
Rothschild, Adolphe de 176
Rothschild, Albert von 176
Rothschild, Anselm Salomon 176
Rothschild, Charlotte de 176
Rothschild, Julie Baronin 141, 175ff.
Rudolf, Kronprinz 21, 31f., 61, 95, 100, 112, 126, 133, 139, 148, 173, 177, 211, 216
Rudolf, Prinz von Liechtenstein 98, 120
Rustimo, Negerzwerg 147f., 164

S

Salm-Reifferscheid, Franz Graf von, Bischof von Klagenfurt 103
Säxinger, Hofexpedient 80
Schlagintweit, Dr. Felix 82, 87

Schmidl, Sidonie 104
Schratt, Katharina 37, 42, 46, 52, 60, 62f., 131, 134, 172, 194, 209
Schratt, Toni 172
Schumann, Robert 93
Schwarz, Stefan 210
Seeburger, Dr. 77
Shakespeare, William 70
Sina, Baron, Bankier 118
Sophie, (Schwester Kaiserin Elisabeths, Verlobte König Ludwigs II. von Bayern), Herzogin von Alençon 76, 120f., 164
Sophie, Erzherzogin (Mutter Kaiser Franz Josephs) 22, 197
Sophie (Tochter Kaiserin Elisabeths), Erzherzogin 101, 214
Sotier, Alfred, Dr. 82, 87, 185f., 188
Spaur, Graf 167
Spencer, John Paynth Earl of 69, 123, 126
Stefanie, Prinzessin von Belgien, Kronprinzessin von Österreich 21, 133
Sylva, Carmen siehe Elisabeth von Rumänien
Szaak, Janos de 73f.
Sztáray, Irma Gräfin 11, 32, 141, 175, 177f., 185, 197, 204
Sztáray, Marie Gräfin 204

T
Téléky, Josefine Gräfin 211
Thermojannis, Dr. N. H. 159

U
Ubryk, Barbara 166ff.
Umlauf, Anton 114

V
Valerie, Tochter Kaiserin
  Elisabeths 22, 96, 115,
  117, 129, 147ff., 155, 172,
  179, 214f.
Viktoria, Königin von England 121ff.

W
Wagner, Richard 31
Wallersee, Henriette 100

Widerhofer, Hermann, Dr.
  78ff., 148
Wied, Prinzessin Elisabeth
  von, siehe Elisabeth, Königin von Rumänien
Wied, Fürst Wilhelm von
  133
Wilczek, Hanns Graf 49, 51,
  98
Wilhelm I., deutscher
  Kaiser 75f.
Wilhelm II., deutscher Kaiser
  93, 193
Wilson, britischer Hautarzt
  78

Z
Zala, Georg 211
Ziehrer, Carl Michael 91

So war Kaiser Franz Joseph wirklich

J. CACHÉE · G. PRASCHL-BICHLER

»Sie haben's gut, Sie können ins Kaffeehaus gehen!«

KAISER FRANZ JOSEPH GANZ PRIVAT

AMALTHEA

Amalthea

In dem vergnüglichen Lesebuch wird die Geschichte eines Menschen beschrieben, dem das Schicksal das Amt des Kaisers von Österreich zugedacht hatte. Es erzählt von hohen Beamten, vom Zigarrenraucher, Jäger und Theaterliebhaber und läßt den Leser als Zaungast in den kaiserlichen Alltag Einblick nehmen.

Ein privater Briefwechsel als aufschlußreiche Geschichtsquelle

Amalthea

An der Seite des österreichischen Außenministers Metternich durchlebt die ebenso schöne wie kluge Wilhelmine von Sagan die turbulenten und wechselvollen Jahre des Entscheidungskampfes gegen Napoleon und des Wiener Kongresses. Durch ihren Einfluß auf einen der mächtigsten Männer jener Zeit hat sie Anteil an der Neugestaltung Europas.